Mscislaw Wartenberg

Kants Theorie der Kausalität

Vierter Teil: Kritik

Mscislaw Wartenberg

Kants Theorie der Kausalität
Vierter Teil: Kritik

ISBN/EAN: 9783743612778

Hergestellt in Europa, USA, Kanada, Australien, Japan

Cover: Foto ©Thomas Meinert / pixelio.de

Manufactured and distributed by brebook publishing software (www.brebook.com)

Mscislaw Wartenberg

Kants Theorie der Kausalität

Kants Theorie der Causalität.

(Vierter Teil: Kritik).

Inaugural-Dissertation

der

philosophischen Facultät der Universität Jena

zur

Erlangung der Doctorwürde

vorgelegt von

Mscislaw Wartenberg

aus Znin in Posen.

Witkowo,
M. Cegielski'sche Buchdruckerei.
1898.

Genehmigt von der philosophischen Facultät der Universität Jena auf Antrag des Herrn Professor Dr. Liebmann.

Jena, den 23. Juli 1898.

Geh. Hofrat Professor Dr. Thomae
d. z. Dekan.

Dass die philosophischen Lehren selbst der grössten Denker neben den Wahrheiten, welche sie zu Tage fördern, auch zahlreiche Irrtümer enthalten -: dies werden wir vollkommen begreiflich finden und nicht die Meinung hegen, diese Thatsache sei etwas höchst Beklagenswertes. Unfehlbarkeit gehört nun einmal nicht zu den Eigenschaften der menschlichen Natur ; und der Ausspruch : errare humanum est gilt — so sonderbar dies klingen mag — vom Denken bevorzugter Geister vielleicht im höheren Grade, als von demjenigen der Durchschnittsmenschen. Eine Schnecke stürzt nicht den hohen Berg herunter, weil sie niemals versucht, ihn zu erklettern. Der gewöhnliche Mensch, der in der Tretmühle seiner Alltagsgedanken sich herumbewegt und über diese beschränkte Sphäre sich niemals erhebt, wird nicht leicht in grosse Irrtümer verfallen: er wird das Nächstliegende, was auf seine persönlichen Interessen sich bezieht, in den meisten Fällen klar überschauen und richtig beurteilen. Aber der grosse Denker, der im reinsten Intereße der Erkenntnis an die Lösung der schwierigsten Probleme sich heranwagt, wird, infolge der Schwierigkeit, ja oft Unfaßbarkeit des Gegenstandes seiner Forschung, in seinen Urteilen leicht fehlgehen ; er wird oft zu Ansichten gelangen, die, so großartig und tiefsinnig sie auch sein mögen, doch mit der Wirklichkeit, welche in letzter Instanz den alleinigen Massstab für die Wahrheit unserer Urteile bilden muß, nicht übereinstimmen. Darüber sollen wir uns aber nicht beklagen. Für den Fortschritt der menschlichen Erkenntnis sind — so paradox auch dieser Satz wieder erscheinen mag — die Irrtümer oft fruchtbarer gewesen, als bereits erkannte Wahrheiten. Diese wiegen nicht selten den Verstand in jenen Zustand der gemächlichen, behaglichen Ruhe ein, wo der Mensch glaubt, bereits im Vollbesitz der Wahrheit sich zu befinden und nicht weiter forschen zu müßen; der Irrthum aber, sobald er als Irrtum erkannt ist, spornt den Geist zu weiterem Nachdenken an, zeitigt neue Lösungsversuche der

Probleme, regt bis dahin unbekannte Fragen an und eröffnet den Weg, auf welchem wir zu einer immer tieferen und umfaßenderen Erkenntnis der Wahrheit gelangen.

Kants Theorie der Causalität *) ist ohne Zweifel eine philosophische Leistung voll Tiefsinn und Originalität, und fordert als solche im hohen Grade unsere Bewunderung heraus. Allein diese Bewunderung, so berechtigt sie auch ist, darf uns nicht davon abhalten, Kant gegenüber kritische Stellung einzunehmen. Denn nicht darauf kommt es an, ob eine Theorie tiefsinnig und originell ist, sondern darauf, ob sie wahr ist. Ist Kants Theorie des Causalität eine entgiltige, völlig befriedigende Lösung der so wichtigen und schwierigen Causalproblems? Hat Kant mit ihr die Zweifel, welche der scharfsinnige Hume in Betreff der Berechtigung des Causalbegriffs angeregt hatte, für immer beseitigt? Diese Fragen müßen beantwortet werden, und sie können nur beantwortet werden durch eine eingehende Kritik der Kantischen Gedanken. -- Wenn wir aber im folgenden an diese Kritik herantreten, so geschieht dies nicht zu dem Zwecke, um mit der Miene der Ueberlegenheit Kant zu meistern und zurechtzuweisen; dies verbietet uns die Pietät, zu der wir uns diesem Manne gegenüber verpflichtet fühlen, dann aber auch das Bewusstsein, daß unsere jugendliche Kräfte zu schwach sind, um diesen großen, in Fragen der Erkenntnistheorie ohne Zweifel bedeutendsten Denker aller Zeiten zu belehren. Wir werden nicht ex tripode über Kant aburteilen. Die Kritik, die wir versuchen wollen, soll eine immanente Kritik sein. Wir werden der Kantischen Theorie der Causalität nicht einfach eine andere Theorie entgegenstellen, um durch diese jene aus dem Felde zu schlagen; denn das ist die leichteste, aber auch die schlechteste Art der Kritik, weil sie zu keiner richtigen und gerechten Beurteilung führt. Wir werden vielmehr prüfen, ob Kant in der consequenten Verfolgung seiner die Causalität betreffenden Gedanken auch überall mit den Grundlehren seiner Erkenntniskritik in Uebereinstimmung geblieben ist, mit Lehren, die, unbefangen betrachtet und in ihren Consequenzen verfolgt, vielleicht eine andere Lösung des Causalproblems erheischen würden, und wir werden Kants Theorie mit den Thatsachen

---

*) Eine ausführliche Darstellung derselben findet der geneigte Leser in meinem, demnächst im Verlag von Hermann Haacke zu erscheinenden Buch: Kants Theorie der Causalität, dessen vierten Teil die vorliegende Abhandlung bildet.

der Erfahrung vergleichen, um zu sehen, ob dieselbe mit diesen in Einklang zu bringen ist.

Um der Ordnung gemäß zu verfahren, beginnen wir unsere kritischen Betrachtungen damit, daß wir die Kantische Begriffsbestimmung der Causalität einer Prüfung unterwerfen. Zu dieser Prüfung bedürfen wir aber eines Maßstabs, mit dem wir besagte Begriffsbestimmung vergleichen, um zu beurteilen, ob dieselbe richtig ist. Als solcher Maßstab wird uns ein Begriff der Causalität dienen müßen, den wir unabhängig von der Kantschen Faßung als giltig voraussetzen und gleichsam als einen Idealbegriff unseren Untersuchungen zu Grunde legen werden. Woher sollen wir nun diesen Idealbegriff nehmen? Wir werden uns denselben nicht construiren; wir werden nicht in aller Eile einen Causalbegriff ersinnen, um ihn als diesen Prüfstein der Richtigkeit des Kantischen zu benützen; wir werden auch nicht den Causalbegriff irgend eines Philosophen, etwa denjenigen Humes, für diesen Idealbegriff erklären; denn dadurch würde unsere Kritik vielleicht mehr Widersprüche als Zustimmung herausfordern und den Tadel der Einseitigkeit auf sich laden. Nein, der Weg, auf dem wir den gewünschten Maßstab finden, ist viel einfacher und naturgemäßer. — Unabhängig von dem Streit der Schulen und der Meinungsverschiedenheit, welche zwischen den Philosophen über die Causalität besteht, bildet sich im Geiste eines jeden normalen Menschen, durch Wirksamkeit natürlicher psychischer Factoren die Vorstellung der Causalität aus. An dieser Vorstellung nehmen wir alle teil; jeder von uns findet sie als Thatsache in seinem Bewußtsein; und selbst derjenige, der innerhalb der Schule andere Meinung über die Causalität hegt, bedient sich im praktischen Leben, bei der Betrachtung wirklichen Vorgänge, dieser Vorstellung in völliger Uebereinstimmung mit den Ueberzeugungen anderer Menschenkinder. Diese naturwüchsige Causalvorstellung wollen wir als den gesuchten Maßstab verwenden zur Beurteilung der Richtigkeit der Kantischen Definition. Allein wir müßen noch einem Mißverständnis vorbeugen. Man könnte uns nämlich vorwerfen, daß wir höchst oberflächlich verfahren, wenn wir eine Vorstellung, die zwar als Thatsache des Bewusstseins anzuerkennen ist, deren logisches Recht aber eben in Frage steht, als einen Normalbegriff unserer Kritik zu Grunde legen. Darauf erwidern wir folgendes: Ob die naturwüchsige Vorstellung der Causalität zu Recht besteht, oder nicht, das geht uns für unseren vorliegenden Zweck nichts an; wir gehen vorläufig von ihr als einer Thatsache des Bewußtseins aus, und nur als solche soll sie uns zu jenem Maßstab dienen; wir wollen nur wissen, ob Kant in seine Definition des Begriffs der Causalität alle die Merkmale aufgenommen hat, welche in der naturwüchsigen Causalvorstellung thatsächlich enthalten sind. Damit befinden wir uns aber auf einem völlig richtigen Wege. Denn wenn vom Causalproblem die Rede ist, so ist damit die Vorstellung der Causalität gemeint, welche den Inhalt jedes menschlichen Bewusstseins bildet und deren Sinn in dem Sprachgebrauch des täglichen Lebens niedergelegt ist, nicht aber ein Begriff, den sich jemand für seine Zwecke zurecht gelegt hat. Die philosophischen Probleme werden ja nicht erfunden, sondern gefunden, und ihr Findungsort ist die thatsächliche Wirklichkeit, mag nun dieselbe die äußere Welt, oder die Innenwelt unseres Bewusstseins sein. Von der naturwüchsigen Causalvorstellung also muß die philosophische Reflexion ausgehen; sie muß sich vor allem klar machen, was unter Causalität verstanden wird, sie muß den Inhalt derselben, der im gewöhnlichen Bewusstsein vielleicht nur dunkel und verworren gedacht wird, auf den logisch vollendeten Begriff bringen, um dadurch das Object der wissenschaftlichen Untersuchung scharf und bestimmt zu fassen. Diese Forderung stellen wir eben an Kant; wir fragen, ob Kant den Begriff der Causalität so formulirt hat, daß dessen Inhalt mit der thatsächlichen und allgemein anerkannten Bedeutung der Causalität im reflexionslosen Bewusstsein sich deckt, und um dies zu ermitteln, confrontiren wir jenen mit dieser. — Wenn im täglichen Leben vom Verhältnis zwischen Ursache und Wirkung die Rede ist, so meint man damit ein solches reales Verhältnis zwischen den Dingen, wonach Dinge durch Aeusserung von Kräften, die in ihrem Wesen begründet sind, auf einander einwirken und einander ihre Zustände bestimmen. Unter Ursachen werden immer Dinge, kraftbegabte Substanzen verstanden, sei es daß dieselben wollende Wesen sind, oder Naturkörper, die wir uns nach Analogie unserer Willenskraft mit bestimmten Kräften ausgerüstet denken; unter Wirkungen versteht man die Zustandsänderungen, welche durch Wirksamkeit jener Kräfte an den Dingen hervorgerufen werden. In der Vorstellung dieses causalen Verhältnisses liegt zugleich ein Unterschied, welcher im gewöhnlichen Leben nicht immer sorgfältig genug beobachtet wird, der aber stets gemeint ist, wo ursächliche

Verhältnisse in Betracht kommen, nämlich der Unterschied zwischen der eigentlichen Ursache, welche wirkt, und der Bedingung, unter welcher dieselbe wirkt. Der Magnet äussert nicht immer seine anziehende Kraft; er wirkt nicht immer; er wirkt nur unter der Bedingung, wenn er in einer bestimmten Entfernung von Eisenfeilspänen sich befindet; dann zieht er dieselben an, d. h. er verändert durch seine Kraftäusserung ihren bisherigen Zustand. Endlich liegt in dem ursächlichen Verhältnis das zeitliche Verhältnis der Aufeinanderfolge, insofern die Ursache als Vorangehendes die Wirkung als Nachfolgendes angesehen wird; erst wirkt die Ursache und dann erfolgt die Wirkung, erst stösst die eine Billardkugel gegen die andere an, und dann erfolgt die Bewegung dieser. Dies der Inhalt der naturwüchsigen, gemeinen Causalvorstellung. Dieselbe hat dann durch die Wissenschaft, jedoch ohne wesentliche Aenderung ihres ursprünglichen Sinnes, eine schärfere Fassung dadurch erhalten, daß man das einfache causale Verhältnis als ein gesetzliches bestimmte. Während nämlich die unwissenschaftliche Ansicht von der Causalität nur dies bedeutet, daß Dinge überhaupt ihre Kräfte äussern und Wirkungen hervorbringen, wobei nicht ausgeschlossen ist, daß dieselbe Ursache unter den nämlichen Bedingungen bald diese bald eine andere Wirkung hervorbringt, meint die wissenschaftliche Betrachtung, dass die Kräfte, welche den Dingen innewohnen, unveränderlich sind, und dass darum dieselbe Ursache unter denselben Bedingungen stets dieselbe Wirkung nach sich zieht; die wirkende Ursache ist im Sinne der wissenschaftlichen Auffassung eine gesetzlich wirkende Ursache, jede Causalität ein Causalgesetz. Mit dieser durch den wissenschaftlichen Sprachgebrauch erweiterten und schärfer gefassten Causalvorstellung stimmt nun die Kantische Definition der Causalität durchaus überein. Auch nach Kant ist die Ursache jedesmal ein kraftbegabtes, wirkungsfähiges Ding; Kant sagt ausdrücklich, dass die Causalität auf den Begriff der Handlung, also des Wirkens, diese auf den Begriff der Kraft, und dadurch auf den Begriff der Substanz führt,[*] dass die Handlung das Verhältnis des Subjects der Causalität zur Wirkung bedeutet und die Substanzialität, d. h. Beharrlichkeit desselben beweist.[**] Kant ist nicht der Ansicht, dass die

---

[*] Kritik der reinen Vernunft, Ausg. von Kehrbach, S. 191.
[**] a. a. O. S. 192.

Causalität nichts anderes bedeute, als ein Verhältnis regelmässiger, unabänderlicher Aufeinanderfolge, dass die Ursache nur ein unwandelbares Antecedens, die Wirkung nur ein unwandelbares Consequens sei. Seine Unbefangenheit in der Betrachtung der Wirklichkeit, sein gesunder Sinn für die Fragen der Wissenschaft und der Philosophie haben es ihm nicht erlaubt, in dieses Extrem zu verfallen und sich soweit von dem sowohl im täglichen Leben als auch in der Wissenschaft herrschenden Sprachgebrauch zu entfernen; sie haben ihn davor bewahrt, aus dem Begriff der Causalität ein Merkmal zu eliminiren, welches der Lebensnerv desselben ist, und nach dessen Ausmerzung dieser Begriff alle Bedeutung verliert. Dass die Wirkung zu der Ursache nicht bloss hinzukomme, sondern d u r c h dieselbe gesetzt sei und a u s ihr erfolge: dies behauptet Kant*) in völliger Uebereinstimmung mit dem gewöhnlichen und wissenschaftlichen Sprachgebrauch; das Moment des Wirkens, der Kraftäusserung und Kraftbeziehung, ist ihm die „Dignität," welche dem Begriff der causalen Verknüpfung anhängt, es ist dessen Kern und Lebensnerv. **) Kant fasst auch die Causalität in der bestimmteren Form

---

*) a. a. O. S. 108.

**) Die Elimination des Moments des Wirkens aus dem Begriff der Causalität und damit die Verwerfung des Kraftbegriffs wurde durch die an Hume sich anschliessenden englischen Positivisten, denen beklagenswerterweise auch manche deutsche Denker gefolgt sind, insbesondere aber durch den bedeutendsten Philosophen dieser Richtung nach Hume, durch John Stuart Mill, vollzogen. Weil dieser Punkt für das Causalproblem von der grössten Bedeutung ist, weil nach unserem Dafürhalten die Frage, ob die Causalität als ein Verhältnis des Wirkens, oder bloß als solches der regelmäßigen Succession gefaßt werden müsse geradezu die Hamletfrage der Causalität ist; so wollen wir auf diesen, positivischen Versuch etwas genauer eingehen. Wir halten uns bei diesen Betrachtungen an J. St. Mill (vrgl. dessen System der deductiven und inductiven Logik, Buch III, Cap. V, § 2; übers. v. Gomperz. 2. Aufl., II. Bd., S. 11 ff.) — Als Hume den Ursprung und den Erkenntniswert der Causalvorstellung untersuchte, da hat er zwar das causale Verhältnis auf das zeitliche Verhältnis der regelmäßigen Succession reducirt, weil er fand, daß nur dieses Merkmal unseres Causalbegriffs sich empirisch rechtfertigen läßt; aber er war weit davon entfernt, zu behaupten, im Begriff der Causalität sei nur dieses Merkmal enthalten; er sah vielmehr ein, daß in diesem Begriff auch das Merkmal der Kraft oder Wirksamkeit thatsächlich liege. Mill, der auf demselben erkenntnistheoretischen Standpunkt wie Hume steht, nämlich auf dem Standtpunkt der reinen Erfahrung, geht weiter und sucht unsere Begriffe von allem nichtempirischem Beiwerk gründlich zu reinigen. Weil, wie Hume gezeigt hat, die Erfahrung uns nur regelmässige Succesion zeigt, aber kein Wirken der Dinge auf einander, so folgt daraus für unseren Positivisten, daß in der Causalvorstellung

des Causalgesetzes, weil sein kritisches Vorhaben vornehmlich darauf gerichtet ist, die Grundbegriffe und Principien der Erfahrungswissenschaft zu erörtern; er musste desshalb den wissenschaftlichen Begriff der Causalität seinen Untersuchungen zu Grunde legen. Was wir aber in der Kantischen Bestimmung des Causalbegriffs vermissen, ist die Unterscheidung zwischen der wirkenden Ursache und der Bedingung, zwischen der „causa efficiens" und der „causa occasionalis". Für den positivistischen Causalbegriff ist derartige Unterscheidung unwesentlich, ja sie ist, streng genommen, auf diesem Standpunkt geradezu unstatthaft; denn wer vom Wirken nichts wissen will, der darf auch keinen Unterschied machen zwischen der eigentlich wirkenden Ursache und der blossen Gelegenheitsursache oder Bedingung. Darum leugnet z. B. Mill*) entschieden, dass ein solcher Unterschied in Wahrheit bestehe, und definirt demgemäss die Ursache als den Inbegriff der Bedingungen, als die Gesamtheit der Eventualitäten jeder Art,

billigerweise nichts weiter liege und liegen könne, als nur dieses Merkmal. Mill perhorrescirt den Begriff der Kraft — was ihn jedoch nicht hindert, denselben weiter im Munde zu führen —; er nennt die Kraft ironisch ein „geheimnissvolles und sehr mächtiges Band", welches Dinge aneinanderknüpfe; er überlässt desselbe den Metaphysikern, die daran ihr Specialvergnügen haben mögen; er redet nur von „physischen" Ursachen, und diese seien ja keine wirkenden Ursachen, welche ihre Wirkungen „hervorbringen", sondern nur Phänomene, welche anderen Phänomenen regelmässig vorangehen. Causalität bedeute also nichts anderes, als eine „unabänderliche Ordnung der Aufeinanderfolge" bestimmter Phänomene. — Mill hat gleich am Eingang zu seinen Betrachtungen über den Causalbegriff das Versprechen abgegeben, er wolle die Vorstellung der Causalität „mit dem möglich grössten Grade der Genauigkeit" bestimmen und feststellen. Er fügt aber gleich hinzu, dass er den Streit, welcher unter den metaphysischen Schulen über den „Ursprung" und die „Analyse" des Causalbegriffs gewütet hat, nicht schlichten wolle: er wolle und könne keinen Aufschluss geben über die „letzte" und „ontologische" Ursache von irgend etwas: er begnüge sich mit den physischen Ursachen. Darauf erwidern wir, dass wir von Mill keine metaphysischen Untersuchungen verlangen: von der schwierigen, vielleicht unlösbaren Aufgabe, die letzten Ursachen der Dinge zu erforschen, wollen wir Mill ganz und gar dispensiren: diese Fragen gehören gar nicht in die Erkenntnistheorie. Aber dies dürfen und müssen wir von ihm, dessen Logik doch einen erkenntnistheoretischen Charakter an sich trägt, verlangen, dass er — was er selbst versprochen hat — die Vorstellung der Causalität mit der grössten Genauigkeit bestimmt hätte; eine erkenntnistheoretische Analyse des Causalbegriffs verlangen wir billig von ihm. Hätte er diese unternommen, hätte er mit derselben Vorurteilslosigkeit, welche seinen Landsmann Hume so vorteilhaft auszeichnet, den Begriff der Causalität

*) a. a. O. § 3, besond. S. 17 fg.

bei deren Verwirklichung das Consequens unvermeidlich erfolgt. Aber für Kant, der die Causalität als Wirken fasst, wäre obige Unterscheidung zum Zweck einer vollständigen Analyse des Causalbegriffs sehr nothwendig gewesen, zumal da nur durch Beachtung dieses Unterschieds*) das Zeitverhältnis von Ursache und Wirkung — ein Punkt, dessen Erörterung wir uns gleich zuwenden werden — richtig bestimmt werden kann.

Wie ist jenes Verhältnis zu bestimmen? Kant hat diese Frage berührt,**) aber nicht gründlich genug untersucht und daher nicht richtig beantwortet, hauptsächlich aus dem Grunde, weil er die Causalität zwar ursprünglich als Wirken gefasst, aber diese Fassung — was wir weiter unten noch besonders zu rügen haben werden — nicht festgehalten und nicht consequent durchgeführt hat. — Kant h t die Anwendung der Causalität auf die einer Regel unterworfene Succession der Erscheinungen eingeschränkt;***) danach stellt sich das Zeitverhältnis zwischen

---

analysirt, hätte er sich vor allem klar gemacht, was die Menschen allgemein — Mill selbst als Practiker nicht ausgenommen — unter Causalität verstehen : dann wäre er nicht in die Extravaganz gerathen, aus dem Inhalt der Causalität ein Merkmal zu eliminiren, ohne welches dieser Begriff allen gesunden Sinn verliert und völlig zerstört wird, um einem Schatten seiner ursprünglichen Bedeutung, einem Quidproquo, Platz zu machen. Wenn Mill meint, dass „man" das unwandelbare Antecedens die Ursache, das unwandelbare Consequens die Wirkung nennt, so müssen wir dagegen protestiren. So meint es kein Mensch, so meint es auch Mill nicht, ausserhalb seiner Studirstube; jeder versteht unter Ursache nicht bloss ein Phänomen, sondern ein kraftbegabtes, wirkungsfähiges Ding, unter Wirkung nicht ein Phänomen, welches auf ein anderes nur folgt, sondern eine Zustandsänderung eines Dinges, welche durch Wirksamkeit der Ursache hervorgebracht wird. Ist uns etwa das causale Verhältnis, im Sinne der unwandelbaren Aufeinanderfolge, anders verständlich, als durch Realsetzung des Kraftbegriffs? Warum explodirt das Pulver, wenn ein Funke ins Pulverfass springt, warum explodirt es dagegen nicht, wenn ein Wassertropfen hineinfällt. Diese Thatsache ist doch nur so zu verstehen, dass der Funke sich zum Pulver anders verhält, dass es darauf anders einwirkt, als der Wassertropfen. Sollte nur das Vorhandensein eines Antecedens es sein, welches eine Veränderung nach sich zieht, so wäre es nicht zu begreifen, warum das Antecedens „Funke" das Consequens „Explosion des Pulvers" zur Folge hat, das Antecedens „Wassertropfen" dagegen nicht. Dies wäre eine völlig unverständliche, brutale Thatsache, bei der das Denken unmöglich stehen bleiben kann, sondern wofür es

---

*) vrgl. die scharfe Unterscheidung zwischen der Gelegenheitsursache und der wirkenden Ursache bei Liebmann, Zur Analysis der Wirklichkeit, 2. Aufl. S. 192.
**) a. a. O. S. 190.
***) a. a. O. S. 142 ff., besond. S. 146 fg.

Ursache und Wirkung so dar, dass die Ursache in allen Fällen vorangeht, während die Wirkung nachfolgt. Nun findet aber Kant, dass sich zahlreiche Fälle anführen lassen, wo im causalen Verhältnis keine Aufeinanderfolge stattfindet, sondern Ursache und Wirkung zugleich sind: zwischen beiden verläuft, wie Kant meint, keine Zeit, sondern sie sind gleichzeitig. Kant erläutert dies an einem Beispiel. Ich trete ins Zimmer ein und finde darin Wärme, die ich draussen nicht angetroffen habe; die Temperatur der Zimmerluft hat sich also verändert: ich sehe mich nach der Ursache dieser Veränderung um und finde den geheizten Ofen. Ofen und Wärme im Zimmer stehen also im causalen Verhältnis zu einander; jener ist die Ursache, diese die Wirkung. Nun besteht in diesem Falle zwischen der Ursache und der Wirkung kein Verhältnis der Aufeinanderfolge; der Ofen geht der Stubenwärme nicht voran.

eine Erklärung dringend verlangt und dieselbe findet nur durch Realsetzung des Kraftbegriffs. Allein Mill wird uns erwidern, dass wir doch eine wirkende Kraft nicht erfahren, sondern nur eine Aufeinanderfolge von Phänomenen; und weil wir dieselbe nicht erfahren, so haben wir kein Recht von ihr als einer realen Potenz zu reden; sie ist eben nur unsere Einbildung. Nun, ob die Kraft schlechterdings nicht erfahrbar ist, ob sie nur unsere subjective Erfindung, eine „anticipatio mentis" im Baconischen Sinne sei, das soll noch untersucht werden. Allein gesetzt auch, der Kraftbegriff wäre lediglich eine anticipatio mentis", würde daraus folgen, dass wir ihn aufgeben müssen. Mit nichten! Denn soll unsere Erfahrungswelt nicht zu einem toten Gerippe ohne Sinn und Bedeutung degradirt werden, so können wir aus ihr nicht alles das hinausexpediren, was in ihr thatsächlich nicht liegt: wir brauchen eine stattliche Anzahl von Anticipationen, wodurch wir die Erfahrungsthatsachen verstandesmässig ausdeuten. Mag darum auch der Kraftbegriff eine „anticipatio mentis" sein, so ist er doch eine für das Verständnis der Wirklichkeit unentbehrliche Anticipation. Er ist als wesentliches Merkmal im Begriff der Causalität enthalten und kann aus diesem nicht eliminirt werden. Auch Mill kann ihn nicht entbehren. Denn bei der Besprechung des Princips von der Erhaltung der Kraft (a. a. O. § 10) muss Mill selbst zugeben, dass ein Unterschied zu machen sei zwischen der Kraft, als Action, und der Collocation von Objecten, welche zu deren Wirksamkeit erforderlich ist. Damit ist aber der Kraftbegriff, den Mill eliminiren will, wieder eingeführt. Allein Mill will diese Kraft nicht als etwas Reales gelten lassen, sondern nur als „abstracte Potenzialität". Dem ist zu entgegnen, dass Kraft als abstracte Potenzialität keinen Sinn hat; nur als eine reale Potenz hat sie Bedeutung. Was Erhaltung der Kraft bedeuten soll, wenn Kraft nichts Reales sein soll, sondern lediglich eine abstracte Potenzialität: dies ist völlig unverständlich. Auf dem positivistischen Standpunkt Mills ist das Princip von der Erhaltung der Kraft eine ebenso unmögliche Conception wie Mills Begriff der Wahrnehmungsmöglichkeiten. — Ueber das Moment des Wirkens als wesentliches Merkmal des Causalbegriffs vergl.: Sigwart, Logik. 2. Aufl., Bd. II. § 73; auch Volkelt, Erfahrung und Denken. S. 227.

sondern ist mit ihr zugleich; Ursache und Wirkung coexistiren. Solche Fälle der causalen Verknüpfung selbeinen nun mit der Kantischen Ansicht, wonach die Causalität die Aufeinanderfolge der Erscheinungen betrifft, nicht übereinzustimmen. Um diese Schwierigkeit zu beseitigen, statuirt Kant den Unterschied zwischen der Zeitordnung und dem Zeitablauf und meint, dass es beim causalen Verhältnis wesentlich auf jene ankomme, während dieser dafür unwesentlich sei. „Die Zeit zwischen der Causalität der Ursache und deren unmittelbaren Wirkung kann verschwindend, (sie also zugleich) sein, aber das Verhältnis der einen zur andern bleibt doch immer, der Zeit nach, bestimmbar." Wohl ist in unserem Falle der geheizte Ofen mit der Wärme im Zimmer zugleich, wohl findet hier kein Ablauf der Zeit statt; aber der Ordnung der Zeit nach ist der geheizte Ofen doch vor der Stubenwärme; denn wenn der geheizte Ofen da ist, so folgt die Stubenwärme, nicht aber umgekehrt. Das Verhältnis zwischen Ursache und Wirkung ist also, was die Ordnung in der Zeit betrifft, stets eindeutig bestimmt und darum niemals umkehrbar; auch in den Fällen, wo zwischen Ursache und Wirkung keine Zeit verläuft, ist die Ursache das Vorangehende, die Wirkung das Nachfolgende. — Was sollen wir nun zu dieser Kantischen Ausführung sagen? Ist dieselbe zutreffend? Das dürfte schwerlich der Fall sein. Denn so richtig und feinsinnig die Kantische Unterscheidung zwischen der Zeitordnung und dem Zeitablauf ist, so wenig tief dringt doch dieselbe in das Problem des Zeitverhältnisses von Ursache und Wirkung ein, und so wenig ist sie dazu geeignet, eine Lösung desselben zu geben. Wir müssen dieses Problem anders fassen, indem wir eine Reihe von Momenten heranziehen, welche Kant ganz ausser acht gelassen hat. — Was zunächst die Schwierigkeit anlangt, welche Kant durch seine Distinction beseitigen will, so ist dieselbe, wenn wir daran festhalten, woran Kant nicht festgehalten hat, nämlich daran, dass die Causalität nicht eine blosse Aufeinanderfolge, sondern ein Wirken bedeutet, gar nicht vorhanden. Ein Ding ist Ursache nicht durch sein blosses Dasein, sondern durch sein Wirken. Der geheizte Ofen kommt als Ursache in Betracht nicht sofern er als Ding mit der Wärme der Luft im Zimmer sich befindet, sondern sofern er wirkt, d. h. Wärme ausstrahlt; ebenso kommt die Wärme der Stubenluft als Wirkung in Betracht nicht sofern sie als fertiger Zustand mit dem Ofen im Zimmer angetroffen wird, sondern sofern sie durch den geheizten Ofen bewirkt worden ist. Kant betrachtet in unserem Beispiel die Ursache als seiendes Ding, die Wirkung als seienden fertigen Zustand und findet, dass beide zugleich sind, während er doch sein Augenmerk auf den Vorgang hätte richten sollen, wodurch dieser Zustand erst geworden ist, nämlich auf den Process der Erwärmung des Zimmers; denn nur dieser bedeutet einen Fall der Causalität. Berücksichtigen wir diesen, so ergiebt sich folgendes: Zunächst müssen die Bedingungen erfüllt sein, unter denen der Ofen als Ursache wirken kann. Der Ofen muss durch Anlegung des Feuers bis auf einen Grad erwärmt werden, welcher denjenigen der Temperatur, welche im Zimmer herrscht, übersteigt. Ist dies geschehen, dann beginnt der Ofen zu wirken; er strahlt Wärme aus, wie man sich populär ausdrückt. Physikalisch betrachtet, besteht dieses Wirken darin, dass die Ofenteilchen, in schwingende Bewegung geraten, die benachbarten Luftteilchen in Oscillation versetzen; diese pflanzt sich dann auf die weiteren Luftteilchen fort, und der ganze Process stellt einen continuirlich sich vollziehenden Bewegungsvorgang dar. Nehmen wir nun an, es sei durch denselben die Temperatur der Zimmerluft auf denjenigen Grad gebracht, welcher der Wärme des Ofens gleich ist, dann hört der Ofen auf, Ursache zu sein; er ist noch da, er befindet sich mit der Wärme im Zimmer zugleich, aber er wirkt nicht mehr, er strahlt keine Wärme mehr aus. Richten wir nun unser Augenmerk auf die Wärme im Zimmer als bereits bewirkten, fertigen Zustand, und andererseits auf den Moment, wo der Ofen, nach Erfüllung der Bedingungen seines Wirkens, angefangen hat zu wirken: dann müssen wir ohne Zweifel sagen, dass zwischen diesen beiden Momenten eine Zeit verlaufen ist, die Zeit nämlich, in welcher der Process der Erwärmung des Zimmers allmählich vor sich gegangen ist. Zwischen dem Wirken der Ursache und dem Ende des Effects verläuft also stets eine Zeit; von diesem Gesichtspunkt aus betrachtet, sind Ursache und Wirkung niemals zugleich. Allein wir haben bis jetzt nur das Ende der Wirkung, den fertigen Effect, in Betracht gezogen. Wie verhält es sich aber mit dem Anfang derselben? Verläuft zwischen dem Moment, wo die Ursache wirkt, und demjenigen, wo die Wirkung beginnt, auch eine Zeit? Nein! Es findet hier kein Zeitablauf statt; das Wirken der Ursache und der Beginn der Wirkung fallen in denselben Zeitpunkt, sie sind streng gleichzeitig. Denn der Act des Wirkens besteht eben in der Hervorbringung von etwas; die Ursache wirkt nur insofern, als sie etwas bewirkt. Wenn wir also behaupten wollten, dass zwischen dem Wirken der Ursache und dem Beginn der Wirkung eine Zeit verstreicht — diese Zwischenzeit mag verschwindend gering, wie Kant meint, oder sehr gross sein, dies bleibt sich vollkommen gleich —, so würden wir einen Widerspruch begehen, insofern wir dasselbe verneinen würden, was wir bejaht haben: wir würden behaupten, die Ursache wirkt, und zugleich behaupten, dieselbe wirkt nicht. Würde nach dem Complettwerden der Bedingungen, also in dem Moment, wo die Ursache wirkt, die Wirkung nicht beginnen, sondern erst nach Ablauf einer Zwischenzeit: dann stände die Ursache ohne Beziehung zur Wirkung, d. h. sie würde keine Ursache sein; die Wirkung aber würde entweder ohne Ursache beginnen, d. h. keine Wirkung sein, oder durch eine andere Ursache gesetzt werden, und wir ständen wieder vor demselben Problem. Wir sehen also, dass sobald die Bedingungen vollzählig sind, sobald kein „complementum possibilitatis" fehlt, die Wirkung ohne Ablauf einer Zwischenzeit beginnen muss: sie muss mit dem Wirken der Ursache in denselben Zeitpunkt fallen.*) — Das Ergebnis unserer Betrachtungen über das Zeitverhältnis von Ursache und Wirkung ist also dieses: Betrachten wir das Zusammentreten der Bedingungen, unter denen die Ursache wirkt, und die Wirkung als verursachten, fertigen Zustand, dann folgen Ursache und Wirkung aufeinander; betrachten wir dagegen den Act des Wirkens und den Beginn der Wirkung, dann sind Ursache und Wirkung zugleich.

Wirkt nun die Ursache während der ganzen Zeit, in welcher die Veränderung als Wirkung vor sich geht, oder nicht? Die Antwort, welche Kant auf diese Frage gegeben hat, ist nicht richtig ausgefallen. Kant bespricht**) die Frage, wie ein Ding aus einem Zustand in einen anderen übergehe, also das Problem der Veränderung, und gelangt zu dem Ergebnis, dass jeder Uebergang aus einem Zustand in den anderen in einer Zeit geschieht. Wenn

---

*) Das Problem des Zeitverhältnisses zwischen Ursache und Wirkung hat unseres Wissens zuerst Sigwart (Logik, Bd. II. S. 150 fg.) klargelegt. Dies gelang ihm dadurch, dass er beim causalen Verhältnis das Moment des Wirkens in den Vordergrund seiner Betrachtungen gestellt hat. Sehr oberflächlich hat diese Frage Mill erörtert (a. a. O. § 7. S. 34 fg.).

**) a. a. O. S. 194 fg.

ein Ding aus dem Zustand a in den Zustand b übergeht, so geschieht dieser Uebergang nicht in der Weise, dass a plötzlich verschwände und b plötzlich an seine Stelle träte; vielmehr stellt derselbe einen continuirlich in der Zeit sich abspielenden Vorgang dar, dessen Anfangspunkt derjenige Moment ist, wo das Ding seinen ersten Zustand a noch nicht aufgegeben und den zweiten Zustand b noch nicht vollständig angenommen hat, wo es erst beginnt b zu werden, und dessen Endpunkt derjenige Moment ist, wo das betreffende Ding den Zustand a ganz abgestreift hat und b geworden ist. Das sich verändernde Ding durchläuft also eine continuirliche Reihe aneinander sich anschliessender Phasen; es wird in diesem Process immer weniger a und immer mehr b, bis es ganz aufgehört hat, a zu sein, und b geworden ist. Nun hat jede Veränderung eine Ursache; ohne Ursache kann keine Veränderung geschehen. Die Veränderung geschieht aber in einer Zeit; darum wird, wie Kant meint, die Ursache „in der ganzen Zeit", in welcher die Veränderung als Wirkung vorgeht, wirken müssen; die Veränderung wird nur durch eine „continuirliche Handlung der Causalität" möglich sein. Die Kantische Auffassung würde also auf den alten Satz hinauskommen, in welchem man das Verhältnis der Ursache zur Wirkung ausgedrückt hat, auf den Satz: cessante causa cessat effectus; wenn die Ursache nicht mehr wirkt, dann hört auch die Wirkung auf, und wenn diese nicht aufhören soll, so muss jene während der ganzen Zeit, in welcher die Veränderung geschieht, ihre Kraft bethätigen. Allein so richtig Kants Ansicht ist, dass der Uebergang aus einem Zustand in einen anderen nicht plötzlich ist, sondern allmählich in der Zeit geschieht, so unzutreffend ist seine Meinung, dieser Zustandswechsel sei nur durch ein continuirliches Wirken der Ursache möglich. Denn der Act des Wirkens vollendet sich darin, dass durch ihn der Anstoss zum Beginn der Veränderung gegeben wird; die Ursache wirkt, indem sie den Beginn der Wirkung verursacht. Ist dies erfolgt, dann braucht die Ursache nicht weiter zu wirken, dann geschieht die weitere Veränderung durch die selbsteigene Natur des Dinges, an welchem sie bewirkt worden ist; wirkt die Ursache weiter, so erleidet die Wirkung eine stetige Modification. Wenn z. B. eine Billardkugel gegen die andere anstösst, so besteht das Wirken in dem momentanen Act des Stosses, wodurch die zweite Kugel durch die erste aus dem Zustand der Ruhe in denjenigen der Bewegung gebracht wird; ist dieser Act erfolgt, dann wirkt die Ursache nicht mehr, dann bewegt sich die gestossene Kugel von selbt weiter und würde vermöge der Trägheit in diesem Zustand der gleichförmigen Bewegung verharren, wenn nicht entgegenwirkende Kräfte sie wieder zur Ruhe brächten. Wenn dagegen ein Stein frei zu Boden fällt, so wirkt hier die Ursache, d. h. die Erde vermöge ihrer Anziehungskraft, continuirlich während der ganzen Zeit, in welcher das Herabfallen dauert; infolge dessen erleidet die Bewegung des Steins in jedem Moment eine Modification, einen Zuwachs ihrer Geschwindigkeit, und wird zu einer gleichförmig beschleunigten. Es ist also nicht richtig, dass die Ursache in der ganzen Zeit, in welcher die Veränderung vor sich geht, ihre Kraft bethätigen m u s s; sie k a n n weiter wirken und wirkt thatsächlich in sehr vielen Fällen weiter, modificirt aber dann durch ihr continuirliches Wirken stetig die Wirkung. Demnach ist der Sat : cessante causa cessat effectus falsch; richtig wäre nur folgender Satz: praesente effectu cessat aut potest cessare causa.

Eine sehr wichtige, das ursächliche Verhältnis tief berührende und dessen Auffassung wesentlich umgestaltende Frage hat Kant in seiner Theorie der Causalität gar nicht berührt. Hätte er dieselbe berücksichtigt und genauer erörtert, so würde sich ihm ohne Zweifel ergeben haben, dass der Unterschied zwischen der Causalität und der Wechselwirkung, den er statuiren zu müssen geglaubt hat, in Wahrheit gar nicht besteht, dass vielmehr die richtig gefasste Causalität und die Wechselwirkung ein und dasselbe Verhältnis bedeuten. — Wenn zwei Dinge in causale Beziehung zu einander treten, so betrachtet das gemeine Bewusstsein das eine Ding als rein thätig, das andere als rein leidend; jenes wirkt, dieses erleidet die Wirkung: es ist der rein passive Schauplatz, auf welchem die Ursache in despotischer Omnipotenz ihre Kraft zum Ausdruck bringt. Ferner wird das causale Verhältnis gewöhnlich so aufgefasst, als ob die auf Grund desselben erfolgte Veränderung nur das eine Ding beträfe, das andere dagegen aus der causalen Beziehung unverändert herausträte; die Ursache bringt nur eine Veränderung hervor, wird aber selbst nicht verändert. Allein diese Betrachtungsweise ist eine einseitige. Die Thatsache nämlich, dass ein und dieselbe Ursache an verschiedenen Dingen eine verschiedene Wirkung hervorbringt, muss uns zu der Ueberzeugung führen, dass das Ding, auf welches gewirkt wird, keineswegs sich rein passiv verhält, dass es vielmehr auf die Action der Ursache in einer seiner Natur entsprechenden Weise reagirt, d. h. seine Kraft bethätigt und durch diese Bethätigung den neuen Zustand entwickelt. Jedes Ding also, welches unter der Einwirkung eines anderen Dinges steht, ist teils leidend, teils thätig ; leidend, insofern es durch die betreffende Ursache zur Entwickelung eines neuen Zustandes bestimmt wird, thätig, insofern es denselben durch Rückwirkung auf das Wirken, durch Bethätigung seiner eigenen Kraft, erzeugt. Demnach wird es das richtige sein, wenn wir die Ursache einer Wirkung nicht ausschliesslich in dem einen Ding suchen, sondern in beiden Dingen, welche die concurrirenden Factoren sind, aus deren Zusammenwirken der betreffende Effect, die Veränderung, als Product sich ergiebt. Wenn wir nun diesen Effect genauer betrachten, so finden wir, dass derselbe ein Gesamteffect ist, den wir durch Analyse in Partialeffecte zerlegen müssen. Wir meinen folgendes : Es verhält sich keineswegs so, wie das gemeine Bewusstsein glaubt, dass nämlich durch die causale Beziehung zwischen zwei Dingen nur das eine Ding verändert wird ; sie verändern sich vielmehr beide. Das Ding, welches wir als die Ursache einer Veränderung zu betrachten gewohnt sind, befindet sich nach dem Wirken in einem anderen Zustand, als vor demselben. Eine Kugel, welche die andere in Bewegung versetzt, bleibt nach dem Stoss nicht in demselben Zustand, wie vor demselben ; ihr Zustand hat sich verändert, ihre Bewegung ist retardirt worden, sie hat sich abgeplattet und erwärmt. Die Wirkung besteht also jedesmal in einem Gesamteffect, in einer Veränderung, die sich beziehungsweise auf die zur Wirkung concurrirenden Factoren, auf die in causaler Beziehung stehenden Dinge, verteilt. Wie ist nun diese Thatsache zu erklären ? Sie ist nur dadurch zu erklären, dass wir die Causalität nicht als ein einseitiges Verhältnis des Wirkens, sondern als ein doppelseitiges des Wirkens und Gegenwirkens fassen. Nicht einseitig wirkt A auf B ; vielmehr wirkt B, wenn A wirkt, seinerseits auf dieses zurück ; jeder Action entspricht eine Reaction. So ist also jedes causale Verhältnis — streng begrifflich gefasst — ein Verhältnis des Wechselwirkens, und die Causalität fällt mit der Wechselwirkung zusammen.*)

---

*) vergl. darüber : Lotze, Metaphysik, 2. Aufl. Cap. V. und Sigwart, a. a. O., Bd. II, S. 154 ff.

Dass die Causalität als Wechselwirkung zu fassen ist, hat Newton erkannt. In seinem Werk : Philosophiae naturalis principia mathematica (Aximata sive leges motus, lex III) heisst es : Actioni

Nachdem wir den Begriff der causalen Relation in Bezug auf alle in ihm enthaltenen Momente kritisch festgestellt haben, wenden wir uns zum Causalprincip. Im gewöhnlichen Sprachgebrauch wird dasselbe in verschiedener Weise ausgedrückt. Bald heisst es: jede Wirkung hat ihre Ursache, bald: alles hat eine Ursache, bald endlich: alles was geschieht, hat eine Ursache. Nur die letzte Formulirung ist richtig. Die erste besagt, wie schon Hume hervorgehoben hat,*) etwas Selbstverständliches; denn weil Ursache und Wirkung Wechselbegriffe sind, so versteht es sich von selbst, dass, sobald etwas als Wirkung angesehen wird, es ebendamit als durch eine Ursache hervorgebracht betrachtet werden muss; dieser Satz ist ein analytisches Urteil und eignet sich als solches zur Formulirung eines Princips, welches eine Erweiterung unserer Erkenntnis bedeuten soll, ganz und gar nicht. Was aber die zweite Form der Fassung des Causalprincips anlangt, so ist dieselbe zu weit. Denn würden wir mit der Behauptung, dass alles eine Ursache haben müsse, ernst machen: dann würden wir das Seiende in lauter Relativitäten und Derivate auflösen, und es bliebe kein Raum übrig für ein Absolutes, unabhängig Existirendes. Ein einfach und schlechthin Seiendes muss aber angenommen werden; denn das Relative und Bedingte weist in letzter Instanz auf ein Absolutes und Unbedingtes, auf ein schlechthin Seiendes, mit Notwendigkeit hin, mag man dasselbe in einem transscendenten Weltgrund, oder in der thatsächlichen Constitution des

---

contrariam semper aequalem esse reactionem: sive corporum duorum actiones in se motuo semper esse aequales in partes contrarias dirigi. Erläuternd fügt Newton hinzu: Quicquid premit vel trahit alterum, tantundem ab eo premitur vel trahitur. Si quis lapidem digito premit, premitur et hujus digitus a lapide etc.

In den Metaphysischen Anfangsgründen der Naturwissenschaft (III. Hauptstück—Mechanik, Lehrsatz 4, Beweis) hat Kant ausdrücklich sich dahin geäussert, dass alle äussere Wirkung in der Welt Wechselwirkung sei. Dies stimmt aber mit seiner in der Kritik vertretenen Ansicht, wonach Causalität und Wechselwirkung zwei verschiedene Verhältnisse bedeuten sollen, nicht überein.

Aus Missverständnis verwirft Schopenhauer (vergl. Kritik der Kantischen Philosophie, WW. hrg. v. Grisebach, Bd. I, S. 585 ff.) den Begriff der Wechselwirkung rückhaltlos.

In einer mit seinem empiristischen Standpunkt durchaus übereinstimmenden, aber, sachlich genommen, weit über das Ziel hinausschiessenden Weise verwirft Mill (a. a. O. § 4) jeden Unterschied zwischen dem thätigen und dem leidenden Element im causalen Verhältnis.

*) Traktat über die menschliche Natur. Buch III, Abschn. 3.

Weltalls, in dem Wesen der Dinge und ihrer Kräfte, suchen. Wir werden also das Causalprinzip nicht auf alles Seiende ausdehnen, nicht auf das, was schlechthin existirt, sondern nur auf das, was irgendwie entstanden, was in der Zeit geworden ist, und dadurch seine Abhängigkeit von etwas anderem beweist. Die richtige Formulirung des Causalprincips wäre also die: alles was geschieht, oder jede Veränderung hat eine Ursache. Allein Kant giebt dem Causalprincip diese Form nicht; er fasst es vielmehr in der strengeren, wissenschaftlichen Form, wonach alle Veränderungen nach dem G e s e t z e der Causalität geschehen.*) Dies erklärt sich daraus, dass Kant in erster Linie nicht auf die Principien, welche uns im täglichen Leben bei der Beurteilung der Thatsachen der Erfahrung leiten, sondern auf die Principien der wissenschaftlichen Forschung sein kritisches Augenmerk gerichtet hat, und mit diesen finden wir ihn in unserer Frage in völliger Uebereinstimmung.

Wir gehen nun zur Erörterung der Frage nach dem Ursprung des Causalbegriffs über. Was zunächst den Begriff der causalen Relation anlangt, so weist Kant den Versuch einer empirischen Begründung desselben entschieden zurück.**) Er hat sich in dieser Beziehung ganz an Hume angeschlossen und dessen Kritik völlig unbeanstandet in seine Betrachtungen aufgenommen. Dagegen hätten wir nichts zu bemerken, da auch wir das Ergebnis der Kritik Humes für vollkommen richtig halten und der Ansicht sind, dass dasselbe zu den wenigen philosophischen Lehrsätzen gezählt werden muss, die sich einer allgemeinen Anerkennung erfreuen dürfen und dem ewigen Streit der Meinungen entzogen werden müssen. Allein es fehlt auch in der neuesten Zeit nicht an Versuchen, welche gegen die Auffassung Humes sich wenden und im Anschluss an Locke dem Begriff der causalen Verknüpfung eine empirische Grundlage geben wollen. Auf diese Versuche müssen wir eingehen, um zu ermitteln, ob Kant wirklich daran recht gethan hat, die Ansicht Humes einfach zu adoptiren. Dass das Merkmal der notwendigen Verknüpfung, der gesetzlichen Abfolge der Wirkung aus der Ursache, nicht auf dem Wege der Erfahrung gewonnen wird: das giebt jeder Unbefangene ohne weiteres zu. Aber dieses Merkmal gehört auch — streng genommen — nicht zum Begriff der causalen Relation, sondern ist bereits die eine Seite des

---
*) a. a. O. S. 180.
**) a. a. O. S. 108.

Causalprincips und muss dort zur Sprache kommen. Worauf es uns hier ankommt, ist das Merkmal des Wirkens, also der Kraftbegriff. Diese Vorstellung des Wirkens, das charakteristische Merkmal der Causalität, soll — wie man gegen Hume behauptet — aus der Erfahrung stammen. Prüfen wir, ob es sich wirklich so verhält! — Die empirischen Quellen, aus denen die Vorstellung des Wirkens entspringen könnte, sind einmal die äussere Erfahrung, dann die Combination der äusseren und inneren Erfahrung, endlich die innere Erfahrung allein. Betrachten wir diese Möglichkeiten! Dass wir auf Grund der äusseren Erfahrung, wenn wir Veränderungen in der Natur wahrnehmen, zur Vorstellung des Wirkens gelangen: diese Ansicht, welche noch Locke gehegt hat, findet, seit Humes Kritik, wenigstens in philosophischen Kreisen keine Vertreter mehr; sie ist zu naiv, und ihre Unmöglichkeit leuchtet sofort ein. Man fühlt, dass wir wenigstens ein Glied des causalen Verhältnisses als Thatsache unseres Bewusstseins erleben müssten, um zur Vorstellung des Wirkens auf empirischem Wege zu gelangen. Hier sind nun zwei Fälle möglich: wir erleben in unserem Bewusstsein entweder die Wirkung oder die Ursache. Wenn ein Körper der Aussenwelt gegen unseren Leib stösst, so empfinden wir einen Druck, mit oder ohne Schmerzgefühl; hier scheint sich uns das Wirken ohne Scheidewand klar zu präsentiren. Allein wenn wir genauer zusehen, so ist die Druckempfindung, die wir erfahren, an sich nichts anderes, als ein Zustand unseres Bewusstseins; sie steht an sich in keiner inneren Beziehung zu dem wahrgenommenen Körper; beide sind an sich völlig isolirt. Dass sie innerlich zusammengehören, dass die Druckempfindung durch den äusseren Körper bewirkt worden ist: dies ergiebt sich erst dann, wenn wir dieselbe als Wirkung fassen und auf den Körper als Ursache beziehen. Um aber diese Beziehung auszuführen, dazu bedürfen wir bereits der Vorstellung der causalen Relation. Nun meint man, dass wir dann das Wirken erfahren, wenn wir durch unseren Willensimpuls unsere Leibesglieder bewegen; hier fühlen wir uns als Ursache der erfolgten Bewegung, wir erleben die Kraft, die Wirksamkeit unseres Willens. Allein wenn wir kritisch vorgehen, so zeigt sich, dass alles, was wir in solchen Fällen erfahren, sich auf das Bewusstsein der Aufeinanderfolge zweier Zustände beschränkt, Zustände, welche an sich in keinem inneren Zusammenhang mit einander stehen. Wir erfahren unseren Willensimpuls und die darauf folgende Empfindung der Contraction unserer Muskeln. Dass unser Wollen die Bewegung der Glieder bewirkt, davon haben wir kein Bewusstsein; wir erfahren nicht nur nicht, wie unser Wollen es macht, diese Bewegung ins Werk zu setzen, sondern wir erfahren nicht einmal, dass er dies thut. Dass die beiden nach einander in meinem Bewusstsein auftretenden Zustände innerlich zusammengehören, dass mein Willensimpuls die Ursache der Gliederbewegung ist, dass ich diese bewirke: dies ergiebt sich erst dann, wenn ich beide Zustände in Zusammenhang bringe, wenn ich die Empfindung der Contraction der Muskeln als Wirkung fasse und dieselbe auf meinen Willensimpuls als Ursache zurückbeziehe. Allerdings scheint es uns, als erführen wir unmittelbar die Kraft unseres Wollens als bewirkendes Moment. Allein man darf sich durch diesen Schein nicht täuschen lassen, sondern sorgfältig analysiren. Scheint es uns doch auch, als erführen wir die Tiefendimension der Körper, während eingehende Untersuchungen gezeigt haben, dass wir dieselbe nicht erfahren, sondern zum Erfahrenen, zu der wahrgenommenen Flächendimension hinzudenken; wir schmelzen sie gleichsam in das Wahrgenommene ein, dies verfestigt sich durch Gewohnheit und erhält den Schein eines thatsächlich Erfahrenen. Nun, um eine solche Einschmelzung, um eine solche — wir möchten es sagen — psychische Chemie, handelt es sich auch in unserem Falle. Erfahren wird nur die Aufeinanderfolge zweier Zustände, das Bewusstsein des Willensimpulses — das Kraftgefühl — und die Empfindung der Muskelcontraction; diese beiden Zustände werden durch das zusammenfassende Bewusstsein auf einander bezogen, in inneren Zusammenhang gebracht und gleichsam mit einander verschmolzen; dies verfestigt sich durch Gewohnheit, der Process der Aufeinanderbeziehung wird nunmehr so unmittelbar, ohne Bewusstsein, vollzogen, dass es uns scheint, wir erführen die Causalität unseres Wollens. Nun wird man sagen, dass wir doch dann, wenn wir unserem Wollen die Richtung auf Ausübung der Gliederbewegung geben, uns bereits als Ursache derselben betrachten, dass wir uns der Wirksamkeit unseres Wollens bewusst sind; in diesem Wollen eines Zwecks, in dem Bewusstsein eine Bewegung ausführen wollen, erfassen wir uns unmittelbar als wirkende Ursache der auszuführenden Bewegung. Dem ist aber zu entgegnen, dass ehe wir durch zweckbewusstes Wollen eine Bewegung ausüben, ehe wir uns überhaupt die Richtung auf Verwirklichung eines Zwecks geben können, wir zuvor die Causalität unseres Wollens kennen

gelernt haben müssen; um etwas zu wollen, muss man sich des Könnens schon bewusst sein. An unwillkürlichen, durch triebartige psychische Kräfte hervorgerufenen Bewegungen unseres Körpers müssen wir erkannt haben, dass wir die Macht über unsere Glieder besitzen, ehe wir durch zweckbewusstes Wollen eine Bewegung derselben ausführen. Sigwart sagt darüber sehr richtig folgendes :*)
„Die Lehre, welche alle Causalitätsvorstellung ursprünglich aus dem Bewusstsein meines eigenen willkürlichen Thuns entspringen lässt, vergisst, dass zunächst die Bewegung meiner Glieder meinem darauf gerichteten Wollen eben nur folgt, und auch hier erklärt werden muss, wie ich dazu komme, das nun als Wirkung meiner selbst auf meine Glieder zu betrachten; und wenn sie sich darauf beriefe, dass hier der innere Zusammenhang durch einen Zweck hergestellt wird, der mein Thun regelt, so vergisst sie, dass, um einen Zweck mir mit Bewusstsein vorsetzen zu können, ich das Bewusstsein meiner Macht haben, also die Wirkungsfähigkeit meines Wollens schon erfahren haben muss." Was endlich die dritte Möglichkeit anbetrifft, die Vorstellung des Wirkens könnte aus der inneren Erfahrung allein stammen, so verhält es sich damit, bei unbefangener Betrachtung, genau so, wie mit den beiden ersten. Denn zwar findet hier das causale Verhältnis zwischen Zuständen meines eigenen seelischen Wesens statt, sowohl Ursache als auch Wirkung sind meine Zustände; aber diese Zustände stehen doch an sich nicht in diesem Verhältnis, es besteht zwischen ihnen als solchen kein innerer, causaler Zusammenhang; sie folgen nur auf einander. Spanne ich meine Aufmerksamkeit an, um bestimmte Verstellungen mir zum Bewusstsein zu bringen und festzuhalten, so folgt eben nur der Eintritt dieser Vorstellungen auf das Gefühl jener Anspannung. Dass durch dieselbe das Bewusstwerden der Vorstellungen bewirkt wird, dies erfahre ich nicht. Beides sind an sich isolirte Zustände, die ich erst auf einander beziehen, die ich in ursächlichen Zusammenhang bringen muss, damit sie die Bedeutung eines causalen Verhältnisses erhalten sollen ; dazu bedarf ich aber wieder der Vorstellung der Causalität. So ist also die Vorstellung der causalen Verknüpfung auf keinem Wege empirisch zu begründen; nirgends in der Erfahrung, wenn wir dieselbe kritisch betrachten, offenbart sich uns ein Wirken, nirgends ist in der Erfahrung als solcher Causalität enthalten; viel-

---

*) a. a. O. Bd. II. S. 142.

mehr legen wir dieselbe in die Erfahrung hinein. Und so hat denn Kant vollkommen recht daran gethan, dass er die Ergebnisse der Kritik Humes rückhaltlos angenommen hat, um auf diesem unerschütterlichen Grunde weiter zu bauen.*) Ebenso entschieden, wie beim Begriff der causalen Relation, bestreitet Kant - u. z. wiederum im Anschluss an Humes Kritik — die Möglichkeit einer empirischen Begründung des Causalprincips. Wie dort „die Dignität", nämlich das Moment des Wirkens, empirisch gar nicht ausdrückbar war, so ist auch hier „die Dignität", nämlich die strenge Allgemeinheit, kein Ergebnis der Erfahrung. Dass die Causalität auf das gesammte Gebiet des Geschehens sich erstreckt und dieses Gebiet von Causalgesetzen beherrscht wird, dass also jede Veränderung der notwendig eintretende Erfolg einen gesetzlich wirkenden Ursache ist: dieses Urteil ist keine auf Grund der Erfahrung gewonnene Erkenntnis, weil ja nicht alle möglichen Veränderungen Thatsachen der Erfahrung sind, sondern nur ein verschwindend geringer Bruchteil derselben, und weil uns die Erfahrung nirgends notwendige, sondern überall nur thatsächliche Zusammenhänge zwischen den Veränderungen zeigt. Notwendigkeit und strenge Allgemeinheit sind keine empirischen Merkmale. Kant wird nicht müde, zu wiederholen, dass Regeln, die wir uns auf Grund der Erfahrung bilden, nicht streng allgemeine, sondern nur comparativ allgemeine Regeln sind. Und hierin werden wir ihm vollkommen Recht geben. Es ist auch nach unserem Dafürhalten eine reine Täuschung, wenn man glaubt, aus der Erfahrung mehr herauszichen zu können, als in ihr thatsächlich liegt, wenn man meint, aus den wenigen Fällen thatsächlich beobachteter Zusammenhänge innerhalb des Geschehens irgend ein Gesetz im strengen Sinne des Wortes entnehmen und dieses Gesetz auf das gesamte Gebiet der Erfahrung ausdehnen zu können. Es ist zwar eine allgemein

---

*) Nach Mill ist die Vorstellung der Causalität natürlich ein Ergebnis der Erfahrung. Weil aber Mill das Merkmal des Wirkens aus der Causalität eliminirt, so ist die Frage, ob wir ein Wirken erfahren, für ihn gegenstandslos (vergl. übrigens a. a. O. § 11); es bleibt nur die Succession, die ohne Zweifel eine Thatsache der Erfahrung ist. Nun fasst aber Mill diese Succession im Sinne des Verhältnisses einer unabänderlichen, gesetzlichen Aufeinanderfolge auf; er redet gleich von einem Gesetz der Ursächlichkeit. Diese unabänderliche Ordnung der Aufeinanderfolge, das Causalgesetz, soll nun nach Mill eine Thatsache der Erfahrung sein. Ob es damit seine Richtigkeit hat, das werden wir erst prüfen, wenn wir zum Causalprincip übergehen.

verbreitete Anschauung, dass der Naturforscher auf Grund der Beobachtung der Erfahrungsthatsachen und des an denselben vorgenommenen Experiments Naturgesetze entdeckt; aber wenn wir uns nicht täuschen lassen, sondern kritisch die Sache betrachten, so müssen wir sagen, dass der Naturforscher nicht Gesetze entdeckt, sondern nur einzelne Thatsachen constatirt, dass er nicht notwendige, sondern nur thatsächliche Zusammenhänge zwischen den Naturerscheinungen findet. Mag der Naturforscher auch noch so oft Beobachtungen und Experimente anstellen und auf Grund derselben einen Zusammenhang zwischen bestimmten Naturvorgängen ermitteln, so hat er damit doch nur eine Summe übereinstimmender Thatsachen constatirt, aber kein Gesetz, im Sinne einer streng allgemeinen und notwendigen Regel, kein Gesetz, welches schlechthin alle Fälle des betreffenden Zusammenhanges umfassen muss. Zum Gesetz wird die empirisch constatirte Regel erst dadurch, dass der Naturforscher sie dazu macht; er deutet sie als einen gesetzlichen Zusammenhang aus, er drückt ihr den Stempel des Gesetzes auf, er legt das Merkmal der Gesetzlichkeit, der Notwendigkeit, in die Thatsachen der Erfahrung hinein, und worauf er sich dabei stützt ist seine Ueberzeugung von der ausnahmslosen Geltung des Causalprincips. Die Begründung desselben kann also unmöglich eine empirische sein.*)

Weil somit die empirische Begründung des Causalbegriffs zu keinem Ziele führt, weil auch der rationalistische Versuch, den Causalbegriff auf das Princip des Widerspruchs zu gründen, nach Humes treffender Kritik ohne weiteres ausscheidet, so betritt Kant den bis dahin noch unbetretenen Weg des transscendentalen Apriorismus. Den Begriff der Causalität erklärt er für einen reinen Verstandsbegriff, für eine Function des verknüpfenden Denkens, den Grundsatz der Causalität hält er für einen Grundsatz des reinen Verstandes. Die ausnahmslose objective Giltigkeit des Causalbegriffs als einer reinen Form

---

*) In dieser Täuschung, die wir soeben blosgelegt haben, ist Mill befangen. Er will nämlich dem Causalprincip eine empirische Grundlage geben, er betrachtet dasselbe als eine Generalisation aus der Erfahrung. Weil dieser Versuch in überaus instructiver Weise die Haltlosigkeit des Empirismus vor die Augen führt, so wollen wir auf denselben — soweit der Raum es gestattet — eingehen. — Mill steht — wie schon hervorgehoben worden ist — auf demselben erkenntnistheoretischen Standpunkt, wie Hume. Während aber Hume sich kein Hehl daraus macht, dass auf der Grundlage der reinen Empirie keine Erfahrungswissenschaft, die in streng allgemeinen Erkenntnissen ihren

des Denkens soll aber darauf beruhen, dass dieser Begriff eine Bedingung für die Möglichkeit der Erfahrung ist. Das behauptet Kant; ob mit Recht, das muss sich ergeben durch eine eingehende Kritik des Beweises, den Kant für seine Behauptung geliefert hat. Ehe wir aber an diese Kritik herantreten, soll ein Punkt erörtert werden, der für Kants Theorie der Causalität eine gewisse Bedeutung hat. Wir meinen die Frage, ob die Art und Weise, wie Kant die Causalität als einen Begriff a priori festzustellen gesucht hat, als eine richtige angesehen werden kann. Es handelt sich also um das, was Kant sonst eine metaphysische Erörterung oder Deduction eines Begriffs genannt hat. Ist diese metaphysische Deduction der Causalität als gelungen zu betrachten?

Kant sucht den apriorischen Charakter der Causalität dadurch nachzuweisen, dass er dieselbe auf diejenige Denkfunction zurückführt, welche der Form des hypothetischen Urteils zu Grunde liegt; er leitet die Causalität aus der logischen Form des hypothetischen Urteils ab. Nun ist ohne Zweifel diese Ableitung, im Vergleich mit derjenigen der übrigen Kategorien, die natürlichste und ungezwungenste; aber als völlig gelungen kann sie in der Weise, wie sie Kant giebt, nicht gelten. Denn würde es sich so verhalten, wie Kant meint, dann müsste die Causalität nichts weiter bedeuten, als ein blosses Abhängigkeitsverhältnis. Allein dies ist nicht der Fall. Die Glieder nämlich, welche im causalen Verhältnis zu einander stehen, sind von einander nicht bloss einfach abhängig, wie unsere Gedanken im hypothetischen Urteil von einander abhängig sind, resp. abhängig gemacht werden; es handelt sich beim causalen Verhältnis nicht um ein blosses Begründen, sondern um ein Bewirken; und wegen dieses wichtigen Moments des Wirkens, das aus dem Abhängigkeitsverhältnis nicht abgeleitet werden kann, lässt sich die Causalität wenigstens nicht ohne Rest auf die Function, welche dem hypothetischen

---

Abschluss fände, sich aufbauen lässt, will Mill dieses Baugeschäft übernehmen; er will uns zeigen, dass wir mit den Thatsachen der Erfahrung ganz gut auskommen und keinerlei nichtempirischer Prinzipien bedürfen, um zum Erfahrungswissen zu gelangen. „Wir haben keinen weiteren Prüfstein, dem wir die Erfahrung als solche unterwerfen können; aber wir machen die Erfahrung zu ihrem eigenen Prüfstein": diesen Satz (a. a. O. Buch III. Cap. 4. § 2), der als Motto seines logischen Werkes dienen könnte, legt Mill allen seinen Untersuchungen zu Grunde. — Die Frage des Causalprinzips erörtert Mill bei Gelegenheit seiner Theorie der Induction: „Induction, sagt er (Cap. 2. § 1), „ist jene Verstandesverrichtung, durch die wir das, was wir in einem

Urteil zu Grunde liegt, zurückführen. Dazu kommt noch etwas weiteres. Würde die Causalität mit der Function des Denkens im hypothetischen Urteil identisch sein, dann müssten die causale Relation und diejenige von Grund und Folge ein und dieselbe Beziehung bedeuten; die Richtung, in welcher unser Denken nach dem Verhältnis von Grund und Folge in hypothetischen Urteilen sich bewegt, müsste mit der Ordnung der Causalität in rerum natura zusammenfallen. Allein dies findet keineswegs statt. Jene Richtung ist von dieser Ordnung durchaus unabhängig, sie geht ihren eigenen Weg; sie kann mit dieser Ordnung zusammenfallen, aber sie muss es nicht. Wenn wir das Urteil fällen: wenn der Luftdruck sich vermindert, so fällt das Quecksilber im Barometer, so drückt dieser Satz ein causales Verhältnis aus; der Erkenntnisgrund fällt hier mit dem Realgrund zusammen; die Richtung, in welcher unser Denken sich bewegt, entspricht der causalen Ordnung in der Wirklichkeit. Sprechen wir dagegen das Urteil aus: wenn das Quecksilber im Barometer fällt, so hat sich der Luftdruck vermindert, so drückt dieser Satz kein causales Verhältnis aus, sondern nur die Richtung, in welcher unser Denken sich bewegt; Erkenntnisgrund und Realgrund fallen nicht zusammen; vielmehr ist hier die Wirkung der Grund, woraus ich die Ursache erkenne. Demnach bedeutet die Causalität nicht dieselbe Relation wie das Verhältnis von Grund und Folge: sie können vielleicht ver-

---

besonderen Falle oder in besonderen Fällen als wahr erkannt haben, auch als wahr in allen Fällen erschliessen, die den ersteren in gewissen bestimmbaren Beziehungen gleichen"; sie ist ein Schluss vom Bekannten auf Unbekanntes. Worauf gründet sich nun dieser Schluss? Er gründet sich, sagt Mill (Cap. 3, § 1), auf die Voraussetzung, „dass das, was einmal geschieht, bei einem genügenden Grade von Aehnlichkeit in den Verhältnissen wieder geschehen, und nicht nur wieder, sondern so oft geschehen wird, als dieselben Verhältnisse wiederkehren"; sein Grund ist also die Ueberzeugung von der Gleichförmigkeit des Naturlaufs, von der ausnahmslosen Geltung des ursächlichen Gesetzes; dieses ist das „Grundprincip und Hauptaxiom" der Induction. Wie gelangen wir nun zu dieser Ueberzeugung? Wir gelangen dazu, meint Mill, auf dem Wege der Erfahrung; der Satz von der Gleichförmigkeit des Naturlaufs ist selbst ein Fall der Induction, eine Verallgemeinerung aus der Erfahrung. Ehe wir nämlich daran gehen, auf dem Wege der wissenschaftlichen Forschung Naturgesetze zu ermitteln, gelangen wir schon auf dem Wege der unwissenschaftlichen Praxis zur Entdeckung einer stattlichen Anzahl von Gleichförmigkeiten in der Aufeinanderfolge von Naturphänomenen, Gleichförmigkeiten, die, soweit unsere Erfahrung reicht, „als völlig wechsellos, als die ganze Natur durchwaltend" befunden werden. „Viele von den Gleichförmigkeiten, die unter Phänomenen bestehen, sind so beständig und offenkundig, dass sie sich der Beachtung

wandte Beziehungen sein,*) aber keine identische Beziehung ausdrücken; und die Kantische directe Ableitung der Causalität aus der Form des hypothetischen Urteils kann nicht als gelungen gelten. Allein damit ist über den apriorischen Charakter der Causalität nichts entschieden. Die Ableitung kann verfehlt sein, und die Causalität doch ein Begriff a priori sein und als solcher gelten. Ob sie nun diese Geltung besitzt, darauf soll und Kants Beweis die Antwort geben.

Die objective Giltigkeit der Kategorie der Causalität für das gesamte Gebiet der Erfahrung soll nach Kant darauf beruhen, dass dieser Begriff eine Bedingung ist für die Möglichkeit der Erfahrung objectiver Successionen, d. h. der Veränderungen in der Wirklichkeit. Die Argumente, wodurch Kant diese Behauptung zu erhärten sucht, sind — übersichtlich zusammengestellt — folgende**):

1. In der Aufeinanderfolge unserer Wahrnehmungen als solcher ist keine eindeutig bestimmte Ordnung, weil die

unwillkürlich aufdrängen" (Cap. 4. § 2). Je mehr wir nun von solchen Gleichförmigkeiten entdecken, je weiter der Gesichtskreis unserer Erfahrung sich ausdehnt, desto mehr befestigt sich in uns die Ueberzeugung, dass nicht nur auf den von uns beobachteten, sondern überhaupt auf allen Gebieten des Naturgeschehens strenge Gesetzlichkeit herrscht. Durch Verallgemeinerung aus vielen Gesetzen von geringerer Allgemeinheit gelangen wir zu dem „ausnahmslosen Gesetz" von der Gleichförmigkeit des Naturlaufs, welches Gesetz dann die Grundlage für die inductive Forschung bildet. „Die näherliegenden von diesen

---

*) Es ist das Verdienst Schopenhauers, den Satz vom zureichenden Grunde als den unsere Erkenntnis a priori durchgängig beherrschenden Grundsatz aufgestellt und dessen besondere Gestaltungen auseinandergehalten und sorgfältig untersucht zu haben. Vergl. dessen Schrift: Ueber die vierfache Wurzel des Satzes vom zureichenden Grunde. Zwar wird das Gesetz der Motivation, welches Schopenhauer als eine besondere Gestaltung des Satzes vom Grunde angeführt hat, diese Bedeutung nicht beanspruchen können, sondern auf den Grund des Werdens oder die Causalität zurückgeführt werden müssen; aber die drei anderen Gründe, nämlich der Erkenntnisgrund, der Realgrund und der Seinsgrund, werden als solche besondere Gestaltungen gelten können und gelten müssen. An dem letzteren hat man mancherlei Anstellungen gemacht, indem man ihn besonders auf den Erkenntnisgrund zurückzuführen suchte. Wir halten aber diesen Versuch für misslungen. Der Seinsgrund ist in der That eine besondere Art des Satzes vom Grunde; er beherrscht die Verhältnisse des Raumes und der Zeit; auf ihm ruhen unsere geometrischen und chronometrischen Erkenntnisse; er ist der Grund für die intuitive oder Anschauungsnotwendigkeit, die von der discursiven, logischen oder Denknotwendigkeit wohl zu unterscheiden ist (vergl. Liebmann, Gedanken und That-

**) vergl. die zweite Anologie der Erfahrung, a. a. O. S. 180 ff.)

Einbildungskraft, welche dieselben nach diesem zeitlichen Verhältnis verknüpft, sich selbst überlassen, an keine feststehende Regel, an kein Gesetz, gebunden ist. Diese Ordnung kommt in die Succession unserer Wahrnehmungen erst durch den Begriff der Causalität hinein, wodurch die synthetische Function der Einbildungskraft gesetzlich normirt wird.

2. Weil die Apprehension des Mannigfaltigen jeder Erscheinung successiv ist, so liegt in ihr als solcher kein Unterschied zwischen einer bloss subjectiven und einer objectiven Zeitfolge. Dieser Unterschied kommt in die Apprehension erst hinein, wenn die Aufeinanderfolge der Teile derjenigen Erscheinung, welche ein Geschehen bedeutet, durch das Gesetz der Causalität in notwendiger und streng allgemeiner Weise geregelt ist.

3. Die Aufeinanderfolge der Wahrnehmungen ist zunächst nur eine vorgestellte Succession und bedeutet an sich nur etwas Subjectives. Sie bekommt objective Bedeutung noch über die subjective, sie wird auf einen ihr correspondirenden Gegenstand erst dadurch bezogen, dass sie dem Gesetz der Causalität unterworfen wird.

Causalität ist also die Bedingung der Erfahrung objectiver Zeitfolge, und weil sie dies ist, besitzt sie für die Erfahrung, wo immer auch Veränderungen geschehen, ausnahmslose Geltung. Es ist klar und braucht nicht besonders eingeschärft zu werden, dass, wenn Kant hier von Bedingung redet, er die einzig mögliche Bedingung meint, eine Bedingung, nach deren Aufhebung auch die Thatsache selbst aufgehoben wird. Ohne den Begriff der Causalität

---

besonderen Gleichförmigkeiten", sagt Mill (Cap. 21, § 2), „führen uns auf die allgemeine Gleichförmigkeit und bezeugen dieselbe; und die allgemeine Gleichförmigkeit, sobald sie einmal festgestellt ist, setzt uns in den Stand, den Rest der besonderen Gleichförmlichkeiten, aus denen sie besteht, zu beweisen". Weil nun aber das strenge inductive Verfahren die Giltigkeit des Satzes von der Gleichförmigkeit des Naturlaufs bereits voraussetzt, so wird die allgemeine Gleichförmigkeit und damit „unsere Kenntnis von den besonderen Gleichförmigkeiten, aus denen wir sie zuerst erschliessen, natürlich nicht durch strenge Induction,

---

sachen (Heft I, S. 20 ff.). — Demnach bedeuten Causalität und das Verhältnis von Grund und Folge zwar verwandte Beziehungen, aber nicht dieselbe Beziehung; sie stammen zwar aus derselben Wurzel, dem Satz vom Grunde, aber sie sind verschiedene Zweige dieser Wurzel. Also nicht direct aus der Form des hypothetischen Urteils, worin nur eine Seite des Satzes vom Grunde, nämlich der logische .Erkenntnisgrund, zum Ausdruck kommt, kann die Causalität abgeleitet werden, sondern aus diesem umfassenderen Princip selbst.

giebt es schlechterdings keine Erfahrung, im Sinne der Erkenntnis objectiver Successionen ; hier gilt der Satz : sublata conditione tollitur conditionatum. Prüfen wir nun die Kantischen Argumente! Wir betrachten zunächst das zweite.

Kant behauptet, dass die Apprehension des Mannigfaltigen einer Erscheinung jederzeit successiv sei, dass es unmöglich sei, streng gleichzeitig, in Einem Act des Bewusstseins, eine Vielheit von Perceptionen aufzufassen. Eine nähere Bestimmung erhält dieser Satz durch die weitere Behauptung Kants, dass jede Vorstellung, als in einem Augenblick enthalten, niemals etwas anderes, als absolute Einheit sein könne.*) Demnach behauptet Kant, dass jede aus einer Vielheit von Wahrnehmungselementen zusammengesetzte Erscheinung nur in einer Reihe aufeinanderfolgender Apprehensionsacte, von denen jeder nur Ein Wahrnehmungselement fassen kann, vorgestellt werde. Man beachte wohl, dass Kant von a b s o l u t e r Einheit redet, nicht bloss von einer Einheit schlechthin. Denn eine Einheit wäre die Vorstellung auch dann, wenn unsere Apprehension — was Kant leugnet — in Einem Bewusstseinsmoment eine Vielheit von Perceptionen fassen könnte ; denn weil unser Bewusstsein eine Einheit ist, so müsste auch dann, wenn die Apprehension gleichzeitig eine Vielheit vorstellen könnte, diese Vielheit sich zu einer Einheit verbinden. Dann wäre aber diese Einheit eine relative, eine Einheit in der Vielheit ; Kant dagegen meint eine absolute Einheit, d. h. eine solche, die nicht aus einer Vielheit besteht, sondern ein streng einfaches Element darstellt. Wenn man nun nach einem Beweise für diese Behauptung bei Kant suchen wollte, so würde man diesen nirgends finden. Dieser Satz ist eine einfache Behauptung geblieben; Kant hat es nicht für nötig erachtet, ihn zu beweisen ; er führt ihn

---

sondern durch die lockere und unsichere Art der Induction gewonnen, die man inductio per enumerationem simplicem nennt" (ebendas.). „Das kunstvollere Verfahren" verdankt also „seine eigene Gültigkeit einem Gesetz, das selbst in jener roheren Weise gewonnen wurde (ebendas.). Sonderbar fürwahr! Das streng wissenschaftliche Verfahren soll auf einer Grundlage ruhen, die man in der rohen, unwissenschaftlichen Weise errichtet hat! Baut man da nicht ein festes Gebäude auf einem Morast? Mill sieht selbst, dass er in eine Klemme geraten ist und sucht nach einem Ausweg. Er beruhigt uns, wir sollen an seinen Ausführungen keinen Anstoss nehmen, wir sollen darin keinen Widerspruch erblicken ; der Widerspruch — meint Mill - liege „nur

*) a. a. O. S. 115.

ein als eine Art Dogma, er verwendet ihn als ein Axiom, das eines Beweises gar nicht bedarf; er betrachtet ihn als einen Gemeinplatz, als einen Satz, den jeder versteht, sobald er ihn hört. Man weiss auch nicht recht, wie Kant zu dieser Behauptung gekommen ist. Sie ist ihm eine Voraussetzung, die er als ständiges Argument in den Beweisen für seine Analogien der Erfahrung verwendet; aber man weiss nicht, ob seine Beweise diese Richtung genommen haben, weil jener Satz in seinem Denken im voraus feststand, oder ob er sich ihn eigens zu dem Zwecke zurechtgelegt hat, um seine Beweise durchzuführen. Fast möchte man das letztere glauben; denn es ist kaum zu begreifen, wie Kant, ohne durch ein Vorurteil dazu verleitet zu sein, eine Behauptung hat aufstellen können, die den Thatsachen der Erfahrung so handgreiflich widerstreitet. — Die Psychologie redet von der sogen. Enge des Bewusstseins. Darunter versteht man die Thatsache, dass in Einem Moment des Bewusstseins jeweilig nur eine beschränkte Anzahl von Vorstellungen gefasst werden kann; nicht alles, was vorgestellt werden könnte, findet sich als wirklicher Zustand jeweilig im Bewusstsein, sondern nur ein verschwindend geringer Bruchtheil davon; und sollen neue Vorstellungen ins Bewusstsein treten, dann müssen die vorhandenen aus dem Bewusstsein verschwinden, in den virtuellen Zustand des Unbewussten übergehen, um jenen Platz zu machen. Wenn aber gleich das Bewusstsein eng ist, so ist es doch nicht so eng, dass es nur eine Vorstellung als absolute Einheit jeweilig in sich beherbergen könnte. Die Thatsache der Enge des Bewusstseins betrifft in erster Linie die Vorstellungen im engeren Sinne, oder die freien Vorstellungen, die wir von den Wahrnehmungen, als den gebundenen, durch Gegenwart eines äusseren Gegenstandes in uns hervorgerufenen Vorstellungen unterscheiden. Und bei diesen freien Vorstellungen sind allerdings die Grenzen unseres Bewusstseins sehr eng gezogen, aber doch nicht in dem Grade, dass uns ein streng gleichzeitiges Vorstellen

---

in den Worten." Wenn nämlich die Induction durch einfache Aufzählung ein ungiltiges Verfahren wäre, so könnten wir allerdings kein giltiges Verfahren darauf gründen. Allein sie ist ein „gültiges", wenn auch ein „trügliches" Verfahren, trüglich in verschiedenen Graden. „Es giebt eine Stufenleiter der Vertrauenswürdigkeit in den Ergebnissen der ursprünglichen wissenschaftlichen Induction, und auf dieser Verschiedenheit beruhen die Regeln für die Verbesserung des Verfahrens" (ebendas.). Es giebt Verallgemeinerungen, die, weil sie auf einer engeren Erfahrungsgrundlage ruhen, unsicher sind: die Erfahrung, sobald sie umfassender wird, zeigt uns Ausnahmen von der Regel, sie führt uns negative Instanzen vor und beweist, dass wir voreilig und falsch verallgemeinert haben. Es

einer Vielheit von Vorstellungen unmöglich wäre. Es kostet uns zwar Mühe, wenn wir über etwas nachdenken oder ein Phantasiegebilde entwerfen, die Vorstellungen festzuhalten; sie entschwinden uns immer, sie verblassen und wandeln sich um, so dass man versucht sein könnte, zu meinen, dass wir hier streng gleichzeitig nur eine Vorstellung haben können. Allein bei näherem Zusehen müssen wir doch zugeben, dass wir in Einem Moment des Bewusstseins eine Vielheit von Vorstellungen thatsächlich erfassen. Das lässt sich sogar exact nachweisen. Nehmen wir z. B. den Denkprocess des Vergleichens. Es ist klar, dass wir in diesem Falle die Vorstellungen, die wir aufeinander beziehen und vergleichen, und das Bewusstsein ihrer Aehnlichkeit resp. Verschiedenheit streng gleichzeitig haben müssen, dass wir also in Einem Act des Bewusstseins eine Vielheit von Vorstellungen erfassen müssen, da sonst der Act der Vergleichung gar nicht vollzogen werden könnte. Gehen wir nun zu den Wahrnehmungen über, so erweitern sich die Grenzen unseres Bewusstseins, unseres Fassungsvermögens, überaus bedeutend; wir können jetzt eine sehr grosse Menge von Wahrnehmungen in Einem Act des Bewusstseins vorstellen und stellen dieselbe thatsächlich vor. Öffne ich meine Augen, so breitet sich vor meinem Blick die ganze mich umgebende Natur, in der Pracht und Fülle ihrer Objecte aus, ich sehe auf einmal eine Vielheit von Gegenständen; und je weiter sich mein Gesichtskreis ausdehnt, eine desto grössere Vielheit kann ich auf einmal in meinem Bewusstsein erfassen. Das ist eine nicht wegzuleugnende Thatsache. Die Apprehension des Manigfaltigen einer Erscheinung ist also nicht jederzeit successiv; die Vorstellung, als in einem Augenblick enthalten, ist nicht immer eine absolute Einheit; vielmehr apprehendiren wir die Erscheinungen, deren Teile im Raume coexistiren, streng gleichzeitig, wir stellen in Einem Moment des Bewusstseins

---

giebt aber auch Regelmässigkeiten in der Aufeinanderfolge von Phänomenen, bei denen wir, soweit unsere Erfahrung reicht, keine Ausnahmen von der Regel gefunden haben; sie ruhen auf einer breiteren Erfahrungsgrundlage, sind desshalb sicherer und vertrauenswürdiger und dienen uns dazu, jene zu berichtigen. Und je weiter der Gesichtskreis unserer Erfahrung sich ausdehnt, desto gewisser und vertrauenswürdiger werden diese Verallgemeinerungen, desto grösser ihre Zahl, und desto mehr befestigt sich in uns die Ueberzeugung von dem ausnahmslosen Walten strenger Gesetzlichkeit in der Natur. Es giebt solche gewisse und ausnahmslose Inductionen", sagt Mill (Cap. IV, § 3), „und weil es deren giebt, ist eine inductive Logik möglich." Nun darf man nicht etwa glauben, dass der Satz von der Gleichförmigkeit des Naturlaufs die

eine Vielheit von Wahrnehmungen vor.*) Diese Vielheit ist allerdings zur Einheit verbunden, weil unser Bewusstsein einheitlich ist; aber diese Einheit ist eine relative, keine absolute, wie Kant meint, kein einfaches Element, sondern ein aus vielen Elementen zusammengesetztes Ganzes. Ja wir müssen gegen Kant behaupten, dass eine absolute Einheit, ein streng einfaches Element vorzustellen, überhaupt unmöglich ist. Auch das Kleinste, was wir sehen und tasten können, auch das minimum visibile ist keine absolute, sondern eine relative, aus einer Vielheit

Richtigkeit unserer causalen Schlüsse beweist, dass wir nicht anders richtig verallgemeinern und verallgemeinern können, als nur auf Grund dieses Satzes. Zum B e w e i s e der causalen Schlüsse trägt dieser Satz durchaus nichts bei; wohl aber ist er die notwendige Bedingung ihrer B e w e i s b a r k e i t, da sich kein Schlusssatz beweisen lässt, für den man nicht einen giltigen Obersatz aufstellen kann (Cap. III. § 1). Jeder inductive Schluss nämlich kann als ein Syllogismus angesehen werden, dessen Obersatz das Princip der ausnahmslosen Naturgesetzlichkeit, dessen Untersatz die bereits beobachteten Regelmässigkeiten in der Aufeinanderfolge bestimmter Phänomene und dessen Schlusssatz eben der causale Schluss auf die unbekannten Fälle bildet.

*) Dieses Ergebnis wirft auch ein Licht auf Kants dritte Analogie der Erfahrung. Kant will hier nachweisen, dass wir die Gleichzeitigkeit der Erscheinungen nur unter der Bedingung erfahren können, wenn dieselben in durchgängiger Gemeinschaft oder Wechselwirkung stehen. Denn wegen der Successivität unserer Apprehension ist es uns unmöglich, zu erkennen, dass die Teile einer Erscheinung coexistiren. Erst wenn dieselben in Wechselwirkung unter einander stehen, können wir die Reihe derselben sowohl vorwärts als auch rückwärts durchlaufen, und dies ist für uns ein Kennzeichen, dass die Teile einer solchen Erscheinung nicht succediren, sondern coexistiren. Allein diese Schwierigkeit liegt gar nicht vor. Was zugleich ist, wird auch von uns gleichzeitig wahrgenommen; wir erkennen die Coexistenz unmittelbar, ohne erst einer besonderen Kategorie der Gemeinschaft dazu zu bedürfen. Die Teile eines Hauses stelle ich gleichzeitig vor, und ich weiss desshalb ohne weiteres, dass sie coexistiren ; ich habe es nicht nötig, die Reihe derselben vorwärts und rückwärts zu durchlaufen, um mich ihrer Coexistenz allererst dadurch zu vergewissern. Es wird wohl auch niemand behaupten wollen, dass ich die Teile des Hauses nur desshalb als coexistirend ansehe, weil ich dieselben als in durchgängiger Wechselwirkung unter einander stehend betrachte ; daran denkt kein Mensch, wenn er Wahrnehmungen macht. Es ist zwar richtig, dass die Welt ein System von Substanzen darstellt, welche in durchgängiger Gemeinschaft unter einander stehen, d. h. wechselseitig auf einander einwirken ; aber diese Erkenntnis ist ein sehr spätes Erzeugnis der wissenschaftlichen Forschung, keineswegs aber ein Grundsatz, der das gewöhnliche Bewusstsein bei der Objectivirung seiner Wahrnehmungen leitete. Auch ist — wie bereits nachgewiesen — der Begriff der Wechselwirkung keine besondere Kategorie, sondern fällt mit der Causalität zusammen.

unterscheidbarer Elemente zusammengesetzte Einheit. Der mathematische Punkt, der eine solche absolute Einheit, ein solches einfaches Element, darstellt, ist ja eben desswegen nicht wahrnehmbar, nicht anschaulich vorstellbar, sondern nur ein Gebilde des abstrahirenden Denkens. Als Grenze der Linie, oder als Spitze des Winkels bezw. einer Kante, kommt er uns zwar zum Bewusstsein, aber er ist doch nicht für sich wahrnehmbar, sondern nur im innigen Zusammenhang mit diesen Raumgebilden. Kants Behauptung, dass die Apprehension des Mannigfaltigen einer Erscheinung jederzeit successiv sei, hat sich demnach als falsch erwiesen; sie stimmt mit den Thatsachen der inneren Erfahrung nicht überein. Bei Erscheinungen, deren Teile coexistiren, ist die Apprehension simultan. Sie wird erst successiv, wenn wir über den Bereich unseres Gesichtsresp. Tastfeldes, der immer beschränkt ist, hinausgehen, um diejenigen Objecte uns zum Bewusstsein zu bringen, welche jenseits der Grenzen dieses Feldes liegen. Sie wird auch successiv, wenn es gilt, die Teile eines Wahrnehmungsbildes mit der vollen Klarheit des Bewusstseins zu erfassen. Leibniz unterschied — zuerst wohl durch metaphysische Erwägungen darauf geführt — zwischen der Perception, als der dunkeln und verworrenen Vorstellung, und der Apperception, als der klaren und deutlichen Vorstellung. Die moderne Psychologie hat sich in diesem wichtigen, für die Erkenntnis des Seelenlebens überaus fruchtbaren Punkte an Leibniz angeschlossen und redet bildlich vom Blickfeld und vom Blickpunkt des Bewusstseins. Darunter wird folgendes verstanden: Wenngleich unsere Wahrnehmung in Einem Moment des Bewusstseins eine Vielheit von Objecten erfassen kann, so ist uns doch nicht alles, was wir momentan wahrnehmen, in demselben Grade der Klarheit bewusst; vielmehr steht nur ein Teil des wahrgenommenen Bildes im Blickpunkt des Bewusstseins.

Nun ist, wie Mill in seiner Theorie des Syllogismus (Buch II, Cap. 3, bes. § 2—4) zu zeigen gesucht hat, der Obersatz keineswegs ein wirklicher Beweis des Schlusssatzes, insofern er dessen Giltigkeit voraussetzt, wenn er selbst gelten soll, seine Wahrheit steht nicht vor derjenigen des Schlusssatzes fest; vielmehr ist es unsere bisherige Erfahrung, die uns berechtigt, den allgemeinen Satz mitsamt den besonderen Thatsachen daraus abzuleiten. „Jede Folgerung", sagt Mill (§ 4), „geht vom Besonderen auf Besonderes; allgemeine Sätze sind bloss Verzeichnisse solcher bereits gemachter Folgerungen und abgekürzte Formel, um darnach weitere zu machen. Der Obersatz eines Syllogismus ist mithin eine Formel dieser Art, und der Schlusssatz ist nicht eine aus dieser Formel, sondern eine in Gemässheit der Formel gezogene Folge-

nur auf diesen Teil richten wir unsere Aufmerksamkeit und stellen ihn klar vor, während die übrigen Teile des Wahrnehmungsbildes zwar auch vorgestellt werden, aber nicht klar und deutlich; sie befinden sich in abgestuften Klarheitsgraden, je näher der Peripherie unseres Gesichtskreises, desto dunkler und verworrener, im Blickfeld des Bewusstseins. Das Bewusstsein hat also Grade der Klarheit, und mit Rücksicht auf diesen Umstand können wir auch von einer Enge des Bewusstseins reden. Wenn wir nun nicht bloss einen Teil, sondern sämtliche Teile eines Wahrnehmungsbildes, also das Bild als Ganzes, mit klarem Bewusstsein erfassen wollen, so kann dies nur in der Weise geschehen, dass wir die Teile nacheinander in den Blickpunkt unseres Bewusstseins rücken: wir müssen unseren Blick bezw. unsere Hand über den wahrgenommenen Gegenstand gleiten lassen, dessen Teile nacheinander mit Aufmerksamkeit betrachten und so allmählich den ganzen Gegenstand uns zum klaren Bewusstsein bringen. Hier ist also unsere Apprehension des Mannigfaltigen successiv; eine Vielheit von Wahrnehmungen mit demselben Klarheitsgrade streng gleichzeitig vorzustellen, vermögen wir nicht, wir müssen dieselben successiv vorstellen.*) Hier gilt also Kants Behauptung; aber auch hier gilt sie nur in sehr beschränktem Sinne. Denn wenn ich einen Gegenstand mit meinem Blick durchmustere, um dessen Teile mir zum klaren Bewusstsein zu bringen, so ist es doch keineswegs so, wie Kant meint, dass nämlich die vorhergehende Vorstellung aus dem Bewusstsein völlig verschwindet, wenn

rung, während die besonderen Thatsachen, aus denen der allgemeine Satz durch Induction gewonnen ward, das wirkliche logische Antecedens oder die wahre Prämisse bilden." Demgemäss ist das Gesetz der Ursächlichkeit, als Obersatz der inductiven Schlüsse, nicht eine Wahrheit, die vor allen Inductionen feststände und aus der alle besondere Verallgemeinerungen abgeleitet werden könnten: vielmehr ist es selbst durch Induction gewonnen, durch Verallgemeinerung aus besonderen Gleichförmigkeiten, durch Verallgemeinerung, die auf einer breiten Erfahrungsbasis ruht; und ist es einmal als feste Ueberzeugung vorhanden, dann stellt es eine Formel dar, in deren Gemässheit wir weitere Folgerungen machen. — Eine reichliche Blumenlese von Zirkeln und Widersprüchen, als die soeben dargelegte Theorie Mills sie bietet.

*) Die Wahrnehmung, die jeweilig im Blickpunkt des Bewusstseins steht, ist natürlich keine absolute Einheit, sondern ein aus vielen Wahrnehmungselementen zusammengesetztes Bild, dessen Umfang desto kleiner ist, je mehr wir unsere Aufmerksamkeit concentriren, aber niemals auf ein absolut einfaches Element, auf einen Punkt, zusammenschrumpft.

ich zu der folgenden übergehe. Appercipire ich den folgenden Teil des Wahrnehmungsbildes, rücke ich denselben in den Blickpunkt des Bewusstseins, so verschwindet der vorhergehende Teil nicht überhaupt aus dem Bewusstsein, sondern nur aus dem klaren Bewusstsein; er wird nicht mehr appercipirt, d. h. klar vorgestellt, aber er wird percipirt, d. h. dunkel vorgestellt; er rückt in das Blickfeld des Bewusstseins und wird als minder klare Vorstellung mit der jeweilig klar erfassten zugleich vorgestellt. Die Successivität der Apprehension betrifft hier also nicht den Wechsel von Bewusstem und Unbewusstem, sondern nur den Wechsel von klarem und deutlichem und von dunklem und verworrenem Bewusstsein. Also auch dann, wenn die Apprehension, behufs einer klaren Erfassung der Teile eines Wahrnehmungsbildes, sich successiv gestalten muss, ist das streng gleichzeitige Vorstellen einer Vielheit von Perceptionen möglich und thatsächlich vorhanden. — Das Ergebnis unserer Untersuchungen ist also dieses: Nicht bei allen Erscheinungen ist die Apprehension des Mannigfaltigen succesiv. Das Mannigfaltige derjenigen Erscheinungen, deren Teile coexistiren, wird simultan apprehendirt. Successiv wird hier die Apprehension nur dann, wenn wir uns die Teile der Erscheinung zum klaren Bewusstsein bringen wollen. Aber auch in diesem Falle stellen wir eine Vielheit von Wahrnehmungen, nur in abgestuften Klarheitsgraden, gleichzeitig vor. — Damit erweist sich die Kantische Argumentation als nichtig; das Fundament, auf welchem dieselbe aufgebaut war, stützte sie nur scheinbar und ist soeben in seiner Haltlosigkeit erkannt worden. Kant meinte, dass wir auf dem Standpunkt unserer Apprehension gar nicht bestimmen können, ob die Teile einer Erscheinung nur in unserer subjectiven Auffassung, oder auch objectiv auf einander folgen, dass wir keinen Unterschied zu erkennen vermögen zwischen einer bloss subjectiv-giltigen und einer objectiv-

---

kann man sich wohl kaum wünschen. Es erregt Mitleid und gewährt doch zugleich einen komischen Anblick, wenn man diese Selbstpeinigung der Gedanken sieht, wenn man sieht, wie ein so scharfer Denker, wie es doch Mill ohne Zweifel ist, sich quält und abmüht, sich dreht und windet, wie er mit der richtigen Sprache nicht heraus will, um nur seine empiristische Marotte durchzuführen. Sigwart unterscheidet (a. a. O. Bd. II, S. 121) sehr treffend zwischen dem „Logiker Mill" und dem „Empiristen Mill." Der Logiker Mill lehrt, dass das inductive Schlussverfahren auf einem festen und sicheren Princip ruhen müsse, auf der Voraussetzung, dass der Naturlauf sich nicht ändert, sondern durch umwandelbare Gesetze geregelt ist. Der Empirist Mill dagegen lehrt, dass dieses Princip selbst durch Verallgemeinerung aus

giltigen Succession, weil in unserer Apprehension schlechthin alles aufeinander folgt. Darum war er genötigt, die Kategorie der Causalität heranzuziehen, welche in die Aufeinanderfolge der Wahrnehmungen einen eindeutig bestimmten Zusammenhang hineinbringen und dadurch diese Aufeinanderfolge, im Unterschied von den übrigen Successionen, zu einer objectiven Succession gestalten sollte. Nun, dieses Kantische Problem nimmt nach dem Resultat, zu welchem wir durch unsere obige Auseinandersetzung gelangt sind, eine ganz andere Gestalt an. Das Problem liegt nämlich gar nicht vor: Kant will eine Schwierigkeit überwinden, die er sich selbst gemacht hat, er kämpft gegen einen Gegner, der in Wirklichkeit gar nicht existirt. Wir haben nachgewiesen, dass es uns wohl möglich ist, eine Vielheit von Wahrnehmungen streng gleichzeitig aufzufassen, dass es Erscheinungen giebt, deren Teile simultan apprehendirt werden. Damit fällt die Stütze des Kantischen Beweises; denn er galt nur unter der Voraussetzung der durchgängigen Successivität der Apprehension; nur dann, wenn wir die Teile jeder Erscheinung successiv auffassen müssten, würden sich die Objecte unserer Apprehension von einander nicht unterscheiden, alles würde „einerlei" sein, und wir könnten nicht bestimmen, ob das, was wir successiv apprehendiren, nur in unserer subjectiven Auffassung, oder auch im Gegenstande auf einander folgt, d. h. wir könnten keine objective Succession, kein Geschehen, erfahren. Wenn aber die Apprehension nicht durchgängig successiv ist, wenn es ebensowohl simultane als successive Apprehensionen giebt, so unterscheiden sich die Objecte derselben von einander; wir fassen die einen als zugleich seiend, die anderen als aufeinanderfolgend auf und gelangen dort zur Erfahrung der Coexistenz, hier zur Erfahrung der Succession. Diese Succession wird aber auch als objectiv, als ein Geschehen, unmittelbar erkannt; denn ihre gegen-

---

der Erfahrung gewonnen ist, u. z. durch die rohe, unwissenschaftliche Art der Induction: er lehrt, dass die Erfahrung sich selbst genügt, dass wir aus ihr besondere Gesetze herausziehen können, aus deren Generalisation das ausnahmslose Gesetz der allgemeinen Naturgesetzlichkeit sich ergeben soll. Es ist nun nicht einzusehen, wie wir auf Grund der vereinzelten Regelmässigkeiten in der Aufeinanderfolge von Phänomenen, die sich unserer Beachtung unmittelbar aufdrängen, auch nur auf den Gedanken an das Walten einer alle Gebiete des Geschehens umfassenden Gesetzlichkeit kommen könnten. Sind doch diese Regelmässigkeiten im Vergleich mit den Regellosigkeiten, die sich uns auch unmittelbar, ja noch unmittelbarer aufdrängen, so verschwindend gering an Zahl, dass der Gedanke an ein Chaos eher ihre Folge sein könnte.

ständliche Bedeutung stand nur solange in Frage, als die Kantische Ansicht von der durchgängigen Successivität der Apprehension galt. Jetzt, nachdem diese Ansicht widerlegt ist, nachdem gezeigt ist, dass wir die einen Erscheinungen simultan, die anderen successiv auffassen, wäre es müssig, darüber zu streiten, ob das, was wir successiv vorstellen, nur in unserer subjectiven Auffassung, oder auch im Gegenstande aufeinander folgt. Der Unterschied zwischen dem Gleichzeitigen und dem Aufeinanderfolgenden liegt also schon in der Apprehension, insofern wir das, was im Object zugleich ist, simultan, das, was im Object aufeinander folgt, successiv wahrnehmen. Nun kann es aber, wie oben gezeigt, auch vorkommen, dass die Apprehension des Mannigfaltigen einer Erscheinung, deren Teile coexistiren, successiv sich gestalten muss, in dem Falle nämlich wenn wir die Teile des wahrgenommenen Objects genauer betrachten, um den ganzen Gegenstand mit klarem Bewusstsein zu erfassen. In diesem Falle aber wird die Aufeinanderfolge in der Apprehension als ein rein subjectiver Vorgang unmittelbar erkannt und unterscheidet sich ohne weiteres von derjenigen Aufeinanderfolge, welche einen objectiven Vorgang, ein Geschehen, bedeutet. Betrachte ich im Kantischen Beispiel das vor mir stehende Haus, so ist zunächst die Apprehension der Teile dieser Erscheinung nicht notwendig successiv, wie Kant meint, sondern unter gewöhnlichen Umständen simultan: ich fasse die Teile des Hauses zugleich auf und erkenne dadurch ihre Coexistenz. Successiv wird meine Apprehension erst dann, wenn ich das Haus mit meinem Blick durchmustere, um sämtliche Teile desselben mit klarem Bewusstsein zu erfassen. Geschieht dies, dann bin ich mir unmittelbar bewusst, dass die Teile des Hauses nicht objectiv, nicht unabhängig von meiner Apprehension, sondern nur subjectiv, nur in meiner Auffassung, aufeinander folgen. Denn einmal kann ich meine successive Apprehension jeden Au-

---

als der Gedanke an die Gesetzlichkeit: gleichen doch diese Regelmässigkeiten vereinzelten Inseln in dem unermesslichen Ozean des Naturgeschehens, das uns auf den ersten Blick als ein regelloses Durcheinander erscheint und dessen Gesetze wir erst allmählich entwirren, entwirren — wie Mill selbst lehrt — nur mit Hilfe des bereits vorhandenen und feststehenden Causalprincips! Es ist aber noch viel weniger einzusehen, wie diese vereinzelten Regelmässigkeiten, diese auf Grund der lockeren und unsicheren Art der Induction durch einfache Aufzählung gewonnenen Verallgemeinerungen die Wahrheit des Causalprincips irgend begründen könnten, eines Grundsatzes, von dem Mill selbst sagt (Buch III, Cap. 5, § 1), dass es den Wahrheiten der Geometrie in ihrer bemerkenswertesten Eigentümlichkeit gleicht. Schon Bacon (No-

genblick unterbrechen und in eine simultane umwandeln; es liegt also gar kein Grund vor, anzunehmen, dass die Teile des Hauses aufeinanderfolgen, wenn es mir möglich ist, dieselben jederzeit streng gleichzeitig wahrzunehmen. Ferner verschwinden die vorhergehenden Teile, wenn ich zur Betrachtung der folgenden übergehe, nicht aus meinem Bewusstsein, sondern werden, wenn auch nicht in demselben Grade der Klarheit, mit diesen zugleich wahrgenommen; meine Apprehension ist also auch hier nicht ausschliesslich successiv, sondern teils successiv, teils simultan: jenes in Bezug auf die klare und deutliche Auffassung, dieses in Bezug auf die Auffassung überhaupt. Niemals ist es so, wie Kant meint, dass eine Wahrnehmung auf die andere folgt, sondern in demselben Wahrnehmungsvorgang folgen sowohl die Wahrnehmungen aufeinander, als auch sind sie zugleich. Endlich — und dies ist das entscheidende Moment — erweist sich die in Rede stehende Art der Apprehension unmittelbar als ein durch mein subjectives Thun bedingter Vorgang. Durchmustere ich mit meinem Blick die Teile des Hauses, so bewegen sich meine Augen nach verschiedenen Richtungen; diese Bewegung kündigt sich meinem Bewusstsein in der Form bestimmter Muskelempfindungen an; ich weiss, dass diese Bewegung von meinem Willen abhängig ist, ich weiss, dass ich es bin, der dieselbe einleitet, beliebig unterbrechen und ihr eine andere Richtung geben kann; ich betrachte mich als Ursache dieser Bewegung, die durch mein Wollen bewirkt ist; und obendrein durch die beiden oben erwähnten Momente unterstützt, erkenne ich, dass die Aufeinanderfolge der Teile des Hauses in meiner Apprehension lediglich durch die Bewegung meiner Augen bedingt ist, also mit der zeitlichen Ordnung dieser Theile im Object nichts zu thun

---

vum Organum, Buch I, Aphor. 105) hat eingesehen und ausdrücklich betont, dass die „inductio per enumerationem simplicem" eine „res puerilis" sei, dass sie nur zu unsicheren Schlüssen führt, weil sie der Gefahr entgegengesetzter Fälle ausgesetzt bleibt und sich auf die wenigen Fälle stützt, welche gerade zur Hand sind. Das sieht auch Mill ein; er nennt diese Art der Induction „eine präcäre und schwankende Grundlage für unser Vertrauen (Buch III, Cap. 21, § 2)" „eine rohe und liederliche Art der Verallgemeinerung" (Buch V, Cap. 5, § 4). Wie sollen wir aber dann auf dieser schwankenden Grundlage zur Erkenntnis irgend eines Gesetzes, das die ganze Natur durchwaltet, gelangen? wie sollen wir auf Grund der besonderen Verallgemeinerungen, die selbst unsicher sind, jemals zu einem Satz gelangen, der ausnahmslose Geltung zu haben beansprucht? Constatiren wir doch nur einzelne Thatsachen; wir finden, dass, soweit wir beobachtet haben, dieselben Regelmässigkeit gezeigt haben: ob sie aber auch fernerhin diese Re-

hat, sie wird auf Kosten des wahrnehmenden Subjects geschrieben.*) Und so verhält es sich mit sämtlichen Objecten, deren Teile coexistiren, mögen sie nun Gegenstände des Gesichts- oder Tastsinnes sein. Einen ganz anderen Character dagegen zeigt die Apprehension dann, wenn das Object, welches wir wahrnehmen, einen objectiven Vorgang, ein Geschehen, bedeutet. Betrachte ich im Kantischen Beispiel das Schiff, welches den Strom hinabfährt, so erscheint die Aufeinanderfolge meiner Wahrnehmungen unmittelbar als etwas Gegenständliches, als ein Vorgang, der nicht bloss in meinem Bewusstsein, sondern auch ausserhalb des Bewusstseins, sich abspielt. Hier bin ich mir nicht bewusst, — was bei der Durchmusterung des Hauses der Fall war — ich bin mir nicht bewusst, dass die Aufeinanderfolge in meiner Apprehension durch mein subjectives Thun bedingt wäre: sie erscheint mir vielmehr als etwas Selbständiges, von meinem Wahrnehmen Unabhängiges; ich fühle, dass ich durch einen von aussen auf mein Wahrnehmungsvermögen ausgeübten Zwang genötigt bin, meine Apprehension successiv zu gestalten. Vor meinem ruhenden Auge bewegt sich das Schiff, vor meinem ruhenden Auge passirt es die einzelnen Punkte der Stromlinie, ich thue nichts dazu, ich verhalte mich als passiver Zuschauer dieses Bewegungsvorgangs. Zudem ist hier das den Strom hinab-

---

gelmässigkeit zeigen werden, das wissen wir nicht; wir sind stets der Gefahr negativer Instanzen ausgesetzt und kommen in unserer Erkenntnis, was ihre Sicherheit anlangt, nicht vorwärts. Nun meint Mill, die Induction durch einfache Aufzählung sei zwar ein trügliches Verfahren, aber doch ein giltiges Verfahren. Allein wie sollen wir unterscheiden können, wann die Induction trügerisch ist und wann sie nicht trügt, wann unsere auf Grund derselben gemachten Verallgemeinerungen giltig, und wenn sie nicht giltig sind? Diese Unterscheidung ist auf dem Standpunkt der reinen Erfahrung unmöglich. Denn wenn Mill sagt, dass die auf breiterer Erfahrungsgrundlage ruhenden Verallgemeinerungen vertrauenswürdiger sind, als die auf engerer Erfahrungsbasis ruhenden, so ist damit nichts geholfen. Jene nämlich bedeuten an sich nichts weiter,

---

*) Kant hält für das einzige Kriterium der Gleichzeitigkeit und damit der bloss subjectiv-giltigen Succession der Wahrnehmungen die Umkehrbarkeit der Apprehensionsreihe, die Vertauschbarkeit der apprehendirten Wahrnehmungselemente. Allein dieses Kriterium würde für sich nicht ausreichend sein, da es doch Objecte giebt, bei denen wir die Reihenfolge der Teile, obwohl dieselben objectiv succediren und von uns in diesem Zeitverhältnis erkannt werden, in unserer Apprehension umkehren können; man denke nur an die Tonscala, die wir sowohl vorwärts als auch rückwärts abspielen können, ohne doch daran zu zweifeln, dass die Töne succediren.

treibende Schiff nicht der einzige Gegenstand meiner Wahrnehmung; dasjenige, was mein Gesichtsfeld ausfüllt, ist nicht allein der Wechsel; vielmehr percipire ich mit dem Wechselnden zugleich ein Beharrendes, den bleibenden, ruhenden Hintergrund, im Vergleich mit welchem ich überhaupt erst zur Wahrnehmung der Bewegung des Schiffes gelange. Ich fixire einen Gegenstand dieser ruhenden Umgebung, z. B. einen Baum, der am Ufer steht, oder überhaupt einen Punkt der Uferlinie, ich sehe, wie der Abstand des Schiffes von diesem Punkte allmählich immer grösser, bezw. immer kleiner wird, ich setze dasjenige, was in meiner Apprehension succedirt, zu demjenigen, was darin simultan ist, in Beziehung und gelange auf diese Weise zur Vorstellung des Wechsels, der Veränderung, die sich mir unmittelbar als ein objectiver Vorgang, als ein Geschehen, ankündigt. Die Apprehension des Mannigfaltigen einer Erscheinung, welche ein Geschehen enthält, ist also schon durch die in ihr selbst liegenden Merkmale von der Apprehension einer Erscheinung, deren Teile coexistiren, auch in dem Falle, wo sich letztere successiv gestaltet, toto genere verschieden. — Wenn es sich aber so verhält, wenn unsere Apprehension nicht jederzeit successiv ist, wenn es uns möglich ist, die einen Erscheinungen simultan, die anderen successiv wahrzunehmen, wenn schon in der Art, wie wir das Mannigfaltige der Erscheinungen apprehendiren, ein Unterschied zwischen der blossen Aufeinanderfolge in unserem subjectiven Zustande und

---

als dass ich mehr übereinstimmende Thatsachen gefunden habe, als bei diesen; ihnen ein grösseres Vertrauen zu schenken, dazu berechtigen sie uns an sich nicht. 99 Fälle einer constatirten Uebereinstimmung zwischen bestimmten Thatsachen sagen, wenn es sich nicht um das psychologische Motiv der Erwartung, sondern um den zureichenden logischen Grund handelt, ebensowenig etwas Bestimmtes über den hundertsten Fall aus, wie jede andere kleinere Zahl derselben; hier wie dort ist die Verallgemeinerung locker und unsicher, weil sie der Gefahr negativer Instanzen ausgesetzt ist. Die auf breiterer Erfahrungsgrundlage ruhenden Verallgemeinerungen sind erst unter der Voraussetzung mehr als eine blosse Summe übereinstimmender Einzelfälle, sie bedeuten ein Naturgesetz nur dann, wenn wir das Recht haben, ihnen diesen Charakter zu vindiciren: dieses Recht haben wir aber nur dann, wenn es bereits anderweitig feststeht, dass es „in der Natur etwas derartiges giebt, wie Parallelfälle, dass das, was einmal geschieht, so oft geschehen wird, als dieselben Verhältnisse wiederkehren," wenn also der Grundsatz von der Gleichförmigkeit des Naturlaufs schon als allgemeingiltig vorausgesetzt ist. Grade der Vertrauenswürdigkeit, einen Unterschied zwischen mehr sicheren und weniger sicheren Verallgemeinerungen giebt es also nur unter Voraussetzung des Causalprincips; auf dem Standpunkt der reinen Erfahrung giebt es solche nicht; hier reducirt sich

der Aufeinanderfolge im Gegenstande enthalten ist: so
bedarf es auch nicht des Begriffs der Causalität, welcher
als erkenntnistheoretisches Scheidemittel blosse Aufeinanderfolge in unserer Auffassung von der objectiven Zeitfolge trennen und als Kriterium der letzteren dienen sollte.
Wir haben es nicht nötig, die Succession unserer Wahrnehmungen, die wir auf einen Gegenstand beziehen, dem
Gesetze der Causalität zu unterwerfen, um sie erst dadurch
von jeder anderen Aufeinanderfolge in der Apprehension zu
unterscheiden und als objective Zeitfolge zu erfahren: dieser
Unterschied liegt in ihr ohnehin; sie erweist sich von selbst
als ein objectiver Vorgang. Demnach muss Kants Argumentation, die nur auf der Voraussetzung beruhte, dass
unsere Apprehension durchgängig successiv sei und in allen
Fällen nichts anderes bedeute, als einen rein subjectiven

alles auf eine Summe einzelner Thatsachen, die nur sich selbst verbürgen. Die Behauptung Mills, dass die Induction, als strenges, wissenschaftliches Verfahren, des Princips von der Gleichförmigkeit des Naturlaufs bedürfe, und seine weitere Behauptung, dass dieses Princip
selbst ein Fall der Induction sei, sind also schlechterdings unvereinbar:
sie bedeuten einen handgreiflichen Zirkel. Nun meint Mill, dass der
Grundsatz der Causalität nichts zum Beweise unserer causalen Schlüsse
beitrage, dass er nur eine Formel darstelle, nicht auf deren Grund,
sondern in deren Gemässheit wir weitere Folgerungen machen; wir
schliessen von bekannten Fällen auf unbekannte, vom Besonderen auf
Besonderes; unsere frühere Erfahrung ist der zureichende Grund
für unsere weiteren Schlüsse. Nun, wenn es wirklich so ist, wozu
hat sich dann Mill die Mühe gegeben, nach einem Grund der Induction
zu suchen, wozu hat er so viel Anstalten getroffen, um das Causalprincip zu beweisen? Schliessen wir vom Besonderen auf Besonderes
und dürfen wir so schliessen, trägt das Causalprincip zum Beweise
dieser Schlüsse durchaus nichts bei, verbürgt die Erfahrung als solche
die Richtigkeit unserer Verallgemeinerungen, ist sie ihr eigener Prüfstein: dann brauchen wir keinen Grundsatz von der Gleichförmigkeit
des Naturlaufs, wenigstens nicht im Sinne eines streng ausnahmslosen
Gesetzes. Diese strenge Ausnahmslosigkeit des Causalgesetzes muss
auch schlisslich Mill selbst — und es ist dies eine Consequenz seines
Empirismus — aufheben. Bei der Besprechung der Trugschlüsse der
Verallgemeinerung nämlich lässt sich Mill also vernehmen (Buch V,
Cap. 5, § 2): „Von dieser Art sind z. B. alle Schlüsse aus der Ordnung der Natur, die auf der Erde oder innerhalb des Sonnensystems
besteht, auf diejenige, die in entfernten Teilen des Weltalls bestehen
mag, wo die Ereignisse nach allem, was wir wissen, ganz und gar
verschieden sein oder nach verschiedenen Gesetzen oder auch nach gar
keinem festen Gesetze auf einander folgen mögen" . . . „Und um
wie vieles sich auch unsere Kenntniss der Natur in Zukunft erweitern
mag, es ist nicht leicht abzusehen, wie diese Kenntniss jemals eine
vollständige sein könnte oder wie wir, wenn sie es wäre, dessen jemals gewiss zu sein vermöchten." Ein recht charakteristisches Eingeständnis! Wie lässt sich aber diese skeptische Aeusserung in Einklang bringen mit der sonst so zuversichtlich geäusserten Meinung Mills,

Vorgang im Bewusstsein, als unzutreffend angesehen werden. Die objective Giltigkeit der Kategorie der Causalität lässt sich nicht dadurch nachweisen, dass man zu zeigen sich bemüht, nur auf Grund derselben lasse sich überhaupt ein Unterschied zwischen der objectiven Succession und der blossen Aufeinanderfolge unserer Wahrnehmungen erkennen: denn dieser Unterschied liegt bereits in der Apprehension, und die Causalität ist für diesen Zweck vollkommen entbehrlich; sie ist in dieser Beziehung kein Factor der Erfahrung.*)

Allein auf unsere Ausführungen würde Kant folgendes

dass das Gesetz der Ursächlichkeit ein Grundgesetz sei, an Sicherheit gleich den geometrischen Wahrheiten - was freilich keine besondere Empfehlung ist, da Mill die Sätze der Mathematik ebenfalls auf Induction aus der Erfahrung gründen will , dass es „strenge Unverbrüchlichkeit" besitzt und „von gleichem Umfang mit dem ganzen Gebiet aufeinanderfolgender Phänomene" ist? Wer sieht hier nicht einen offenbaren Widerspruch? Aber klar ist es, dass mit Mills Empirismus dieses Eingeständnis ganz im Einklang steht. Denn wenn das Causalprincip auf Grund besonderer Verallgemeinerungen gewonnen ist, so ist klar, dass sein Umfang im allergünstigsten Falle nur so weit reichen kann, als das Gebiet der beobachteten besonderen Regelmässigkeiten sich erstreckt. Wenn es aber mit der Geltung des Causalprincips diese Bewandnis hat, so verliert offenbar dieser Grundsatz alle Bedeutung: er kann der inductiven Forschung nicht nur zu keiner sicheren, festen Grundlage dienen, sondern nicht einmal — wozu Mill ihn in letzter Linie verwenden will — als Leitfaden der Induction gelten, als Formel, in deren Gemässheit wir weitere Folgerungen machen. Denn wo ist die Grenze, welche beide Gebiete, nämlich das Gebiet, auf welchem das Causalprincip gilt, und dasjenige, wo es vielleicht nicht gilt, von einander trennt? Solange diese Grenze nicht bestimmt ist, verfahren wir blind und aufs Geratewohl, wenn wir daran gehen, Gesetze im Naturgeschehen zu ermitteln; wir können das Causalprincip garnicht als sichere Richtschnur dazu benützen, weil es ja fraglich ist, ob es für diese Gebiete Geltung besitzt. Mills Causalprincip klebt an den thatsächlich beobachteten Regelmässigkeiten und besitzt in Wahrheit nur die Geltung, welche diese besitzen; von ihnen losgelöst werden, weiter reichen, als ihr eigener Bereich sich erstreckt, vermag es nicht: dann kann es aber auch kein Grundsatz der naturwissenschaftlichen Forschung sein. Wo wir also auch Mills Theorie berühren, überall zeigt sie Widersprüche und hebt sich selbst auf: Mill nimmt mit der einen Hand, was er mit der anderen gegeben hat; der Logiker kämpft mit dem Empiristen, beide wollen das Feld behaupten: schliesslich siegt der Empirist und vernichtet die richtige Ansicht des Logikers. — Vrgl. zur Kritik dieser Lehre Mills: Benno Kohn, Untersuchungen über das Causalproblem. II. Teil. Cap. 1; Sigwart, Logik. Bd. II. S. 416 ff., König, Entwickelung des Causalproblems. II. Teil. S. 270 ff.

*) vergl. dazu die eingehenden Ausführungen bei Laas, Kants Analogien der Erfahrung. S. 80 ff.

erwidern: Nun wohl! Ihr sagt, die Aufeinanderfolge euer Wahrnehmungen, die einen objectiven Vorgang bedeutet, erscheine euch als etwas Selbständiges, von eurem Wahrnehmen Unabhängiges; ihr meint euch bewusst zu sein, dass ihr durch einen von aussen auf euer Wahrnehmungsvermögen ausgeübten Zwang genötigt seid, die Wahrnehmungen in dieser bestimmten Ordnung der Aufeinanderfolge aufzufassen; und ihr glaubt desshalb ein Geschehen, eine Veränderung in rerum natura, unmittelbar zu erfahren! Allein habe ich nicht selbst nachdrücklich betont,*) dass bei der Wahrnehmung von dem, was geschieht, jederzeit eine Regel anzutreffen ist, welche die Ordnung der einander folgenden Wahrnehmungen notwendig macht? Wie wollt ihr nun diese Thatsache erklären? Wie kommt es denn, dass die Wahrnehmungen in einer nicht umkehrbaren Ordnung succediren, dass jede Wahrnehmung ihre bestimmte Stelle in der Zeit einnimmt und nicht in einen anderen Zeitpunkt gesetzt werden kann? Ist doch die Einbildungskraft, welche die Wahrnehmungen nach dem Zeitverhältnis der Aufeinanderfolge verknüpft, ein blindwirkendes, von keiner objectiven Regel geleitetes Vermögen; ist doch die Zeit selbst in ihrem Verlauf nicht wahrnehmbar, um eine Regel liefern zu können, in Beziehung auf welche wir die Wahrnehmungen zeitlich ordneten; ist doch für die Form der Zeit völlig gleichgiltig, welche Ordnung die Aufeinanderfolge hat; liegt doch in ihr als solcher kein Unterschied zwischen einer objectiven und einer bloss subjectiven Succession; wird doch erst durch die notwendige Ordnung der Wahrnehmungen die Zeitfolge als objectiv bestimmt; und zu diesem Zwecke bedürfen wir des Begriffs der Causalität, weil nur im causalen Verhältnis die Ordnung der Aufeinanderfolge eindeutig bestimmt und zu einer notwendigen gemacht wird. Wenn ihr also von einer Regel redet, der die Aufeinanderfolge euer Wahrnehmungen unterworfen ist, wenn ihr einen Zwang in euch zu erleben meint, der euch nötigt, die Wahrnehmungen in einer bestimmten Ordnung ihrer Succession aufzufassen, und wenn ihr, um diese Ordnung zu erklären, den Begriff der Causalität entbehren zu können glaubt: dann müsst ihr zeigen, auf welchem Wege sonst diese Regel, welche die Ordnung der einander folgenden Wahrnehmungen notwendig macht, in unsere Apprehension hineinkomme! — Nun, dieser Forderung könnten wir leicht Genüge leisten. Wir würden sagen, dass be-

---

*) a. a. O. S. 184.

sagte Regel nicht eine von innen, durch das vorstellende Subject, in die Succession der Wahrnehmungen hineingelegte, sondern eine von aussen*), durch die Dinge in der realen Wirklichkeit, unserem Bewusstsein aufgenötigte Regel ist. In unserer Apprehension läuft eine Reihe von Wahrnehmungen in der Ordnung a b c d ab; in der von unserem Bewusstsein unabhängig existirenden Wirklichkeit succediren die Veränderungen in der Ordnung A B C D; jene Ordnung ist von dieser abhängig, sie gestaltet sich nach einer bestimmten Regel, sie wird zu einer notwendigen, beliebig nicht umkehrbaren zeitlichen Ordnung, weil sie durch das reale Geschehen, durch Veränderungen der Dinge, die auf unser Wahrnehmungvermögen einwirken, in unserem Bewusstsein bewirkt worden ist. Uns dünkt, dass, wenn wir beispielsweise ein Schiff wahrnehmen, das den Strom hinabtreibt, dies nicht bloss ein idealer Vorgang in unserem Bewusstsein ist, sondern auch einen realen Vorgang in der Welt ausserhalb (praeter) unseres Bewusstseins bedeutet; dass dort in der transscendenten Sphäre ein Ding existirt, welches eine Veränderung erfährt, die vielleicht im Vergleich mit unserer Wahrnehmung derselben andersgeartet, also keine Bewegung ist, nichtsdestoweniger aber einen objectiven Vorgang, einen bestimmten Zustandswechsel bedeutet; dass dieses sich verändernde Ding auf unser Bewusstsein einwirkt und dasselbe zur Entwickelung einer Reihe von Wahrnehmungen nötigt, deren ideale Ordnung der realen, in welcher diese Veränderung vorgeht, congruent ist. So erklären wir die Thatsache, dass unsere Wahrnehmungen in einer bestimmten Ordnung aufeinander folgen und desswegen den Charakter einer objectiven Succession zeigen. Und dass wir mit dieser Erklärung nicht etwa bloss auf dem Standpunkt des gemeinsamen Bewusstseins stehen, welches von Haus aus realistisch denkt, sondern auch von dem Kreise philosophischer Gedanken uns nicht entfernen, dafür wollen wir als Beleg die Worte Liebmanns anführen. Liebmann unterscheidet zwischen der Zeitordnung und der Zeitlänge oder der extensiven Quantität des Zeitverlaufs; letztere hält er für bloss subjectiv, beruhend auf der Perceptionsgeschwindigkeit des vorstellenden Subjects; über die erstere aber äussert er sich folgendermassen:*) „Wer überhaupt

---

*) Im Sinne des „praeter" nicht des „extra", welch' letzteres ein räumliches Verhältnis bedeutet, wir aber vorsichtigerweise die transscendente Realität des Raumes hier nicht behaupten wollen.

**) Zur Analysis der Wirklichkeit. 2. Aufl. S. 196 fg.

mit uns den Glauben teilt, dass die Wirklichkeit mehr ist als blosse Vorstellung, dass eine absolut-reale, jenseits der subjectiven Bewusstseins- und Erkenntniss-Grenzen gelegene Welt (mundus intelligibilis) dem empirischen Weltphänomen (mundus sensibilis) zu Grunde liegt, und dass das wahrnehmende Subject zur Entwickelung seiner sinnlichen Anschauungen durch den realen Einfluss der absolut-realen Welt auf das subjective Vorstellungsvermögen genöthigt wird, der muss einen fortlaufenden Parallelismus des äusseren Geschehens mit der Succession der Wahrnehmungen, eine durchgängige Correspondenz zwischen der Ordnung desjenigen Unbekannten, was uns zu einem Nacheinander von Sinnesempfindungen nöthigt, und diesem bekannten Empfindungs-Nacheinander selbst annehmen ... (folgen Beispiele) ..., so muss das Alles dem wahrnehmenden Subject extrinsecus aufgenöthigt sein und daher als Fingerzeig auf eine von ihm und den Zuthaten seiner Intelligenz gänzlich unabhängige Ordnung der Dinge anerkannt werden". Nun, diesen Glauben, von dem Liebmann spricht, haben wir; diesen Glauben hat auch Kant selbst, weil er von Dingen redet, die unsere Sinnlichkeit afficiren. Trotzdem aber wird er unsere obige Erklärung für durchaus verkehrt halten ; er wird uns vorwerfen, dass wir seine transscendentale Aesthetik entweder gar nicht gelesen, oder bereits vergessen haben. Hier habe er aber bewiesen, dass die Zeit keine Form der Dinge an sich sei, sondern nur eine subjective Anschauungsform, dass sie nur für die immanente Sphäre unseres Bewusstseins, nicht aber für die transscendente Sphäre ausserhalb des Bewusstseins Geltung besitze, dass sie wohl empirische, aber keine absolute Realität beanspruchen könne. Wenn aber die Zeit keine Realität ausserhalb des Bewusstsein besitze, so sei es unstatthaft, von Veränderungen, von einer zeitlichen Ordnung des Geschehens in transscendenten Gebiet zu reden, und es habe keinen Sinn, die bestimmte Ordnung in der Aufeinanderfolge unserer Wahrnehmungen durch jene Ordnung sich dictiren zu lassen. Wir gelangen zwar zu unseren Empfindungen auf Grund einer Affection unserer Sinne durch die Dinge an sich; aber in dieser Affection werde uns keine Regel mitgeteilt für die zeitliche Ordnung dieser Empfindungen ; vielmehr seien dieselben ursprünglich ein ungeordnetes, jeder Form entbehrendes Chaos, welches erst durch das wahrnehmende Bewusstsein in die Form der Zeit gebracht werde und als Succession erscheine; und diese Succession könne eine eindeutig bestimmte, notwendige Ordnung nur erhalten, d. h. zu einer objectiven Zeitfolge nur werden durch das Gesetz der Causalität. Dies die Kantische Replik. Und wie sollen wir ihr begegnen? Nicht anders, als in der Weise, dass wir untersuchen, welche Bewandnis es mit Kants Lehre von der „transscendentalen Idealität" der Zeit habe. Einen anderen Weg sehen wir nicht. Denn man gebe sich ja keinen Täuschungen hin! Entweder ist die Zeit nicht bloss eine subjective Anschauungsform, sondern besitzt transscendente Realität: dann geschehen in der absolut-realen Welt Veränderungen und bewirken in unserem Bewusstsein eine bestimmte Ordnung in der Succession unserer Wahrnehmungen, und diese Ordnung ist erklärt; oder die Zeit ist nur eine Anschauungsform, sie besitzt keine transscendente Realität: dann geschehen in der absolut-realen Welt keine Veränderungen, die Ordnung in der Aufeinanderfolge unserer Wahrnehmungen lässt sich auf dieselben als ihren Grund nicht zurückführen und bleibt eine unerklärte Thatsache: denn auch die Erklärung, welche Kant dafür giebt, ist — wie sich zeigen wird — unmöglich.*) — Kant hat vollkommen recht mit seiner Ansicht, dass in der Wahrnehmung einer Veränderung eine Synthese enthalten sei, die nicht in den Empfindungen als solchen gegeben ist, sondern durch das wahrnehmende Bewusstsein an denselben vollzogen wird. einen spontanen Act des vorstellenden Subjects bedeutet: denn auch dann, wenn — was Kant leugnet — die Succession der Wahrnehmungen einen realen Vorgang in unserer Seele bedeutete, würde besagte Verknüpfung nötig sein, insofern mit der Thatsache des Wechsels psychischer Zustände das Bewusstsein des Wechsels nicht schon gegeben ist, vielmehr erst entsteht, wenn das wahrnehmende Subject die beiden auf einander folgenden Zustände zu einander in Beziehung setzt und zur Einheit zusammenfasst. Dessgleichen unterschreiben wir die Kantische Lehre, dass die Zeit eine reine Anschauungsform**) a priori ist, dass sie die Bedingung ist für die Wahrnehmung des Zugleich-

---

*) Es ist inconsequent und widersprechend, die Zeit für eine blosse Anschauungsform zu halten und trotzdem von Veränderungen als etwas Realem, von Kräften und deren Wirksamkeit, von realer Causalität zu reden und die bestimmte zeitliche Ordnung unserer Wahrnehmungen empirisch begründen zu wollen.

**) Es würde wohl sachgemässer sein, die Zeit nicht eine Anschauungsform, sondern eine Bewusstseinsform zu nennen, weil sie nicht bloss dasjenige umfasst, was wir Anschauung nennen, sondern überhaupt alles, was Inhalt des Bewusstseins ist.

seins und des Aufeinanderfolgens; denn selbst dann, wenn unsere Empfindungen als seelische Zustände nach diesen Verhältnissen geordnet wären, würde damit noch nicht das Bewusstsein ihres Zugleichseins resp. ihrer Aufeinanderfolge gegeben sein, vielmehr erst entstehen, wenn wir durch einen besonderen Act des Bewusstseins, bezw. wo es sich um die Wahrnehmung der Succession handelt, die auf einander folgenden Empfindungen so in Zusammenhang bringen, dass wir die eine als vorangehend, die andere als nachfolgend setzen, was nur möglich ist, wenn wir die Form der Zeit bereits besitzen. Es ist auch Kant zuzugeben, dass die Einbildungskraft, welche die Empfindungen nach den zeitlichen Verhältnissen verknüpft, einer Regel bedarf, um diese Verknüpfung in einer bestimmten, notwendigen Ordnung auszuführen. Endlich ist zuzugeben, dass die Zeit an sich nicht wahrgenommen werden kann, dass die leere Zeit kein Gegenstand der Vorstellung ist, dass der Zeitverlauf uns erst dann zum Bewusstsein kommen kann, wenn ein Inhalt sich findet, der in ihr verläuft,*) dass wir also in unserer Anschauungsform der Zeit keine Regel besitzen, in Beziehung auf welche wir den Empfindungen ihre Zeitverhältnisse eindeutig bestimmen könnten: es ist zugegeben, dass in der Form der Zeit, die alles, was Inhalt des Bewusstseins ist, in sich schliesst und dagegen vollkommen indifferent ist, in welcher Ordnung diese Inhalte succediren, kein Unterschied zwischen einer bloss subjectiven und einer objectiven Succession liegt, dass vielmehr dieser Unterschied erst durch die notwendige Ordnung, in welcher diese Inhalte succediren, in die Zeitfolge

---

*) Die Zeit selbst nehmen wir nicht wahr. Wir haben zwar einen Begriff der Zeit, aber keine anschauliche Vorstellung derselben. Wollen wir uns die Zeit anschaulich machen, so kann dies nur durch räumliche Verhältnisse, also nur uneigentlich geschehen; wir stellen uns dann die Zeit als eine Linie vor, wir reden von einem Strom, einem Fluss der Zeit; alles Bilder, die wir dem Raume entnehmen, die aber das Eigentümliche der Zeit nicht wiedergeben können. Zwar scheint es uns, als hätten wir in den Stunden der Langweile eine Wahrnehmung der leeren Zeit; aber das ist nur ein Schein: denn ein gewisser, wenn auch noch so unbestimmter Inhalt ist auch hier vorhanden, und an diesem Inhalt werden wir uns des Zeitablaufs erst bewusst. Aber gesetzt auch, wir hätten eine anschauliche Vorstellung der leeren Zeit, so wäre eben diese Zeit nur eine vorgestellte, nicht die Zeit als Form der Anschauung, nicht die Zeit, in welcher unsere Bewusstseinszustände geordnet sind; diese Zeit hat aber Kant im Sinne, wenn er meint, dass die Zeit an sich nicht wahrgenommen werden kann. Wir hätten dann wohl ein Bild der Zeit, aber wir würden nicht die Zeit selbst anschaulich erfassen.

hineingebracht wird. Allein wenn wir auch alles das zugeben, so bestreiten wir doch die Consequenz, welche Kant aus diesen Prämissen gezogen hat; wir bestreiten, dass der Begriff der Causalität die Bedingung dafür sei, dass unsere Wahrnehmungen in einer notwendigen Ordnung succediren und den Charakter der objectiven Zeitfolge annehmen. Wir sind vielmehr der Ansicht, dass diese ideale, vorgestellte Ordnung unserer Wahrnehmungen im Bewusstsein durch die reale Ordnung, in welcher die Veränderungen in der absolut-realen Wirklichkeit geschehen, bewirkt werde, also keinen transscendentalen, sondern einen empirischen Grund habe. Diese unsere Ansicht wollen wir im folgenden näher begründen. — Kant steht im Princip auf dem erkenntnistheoretischen Standpunkt der Bewusstseinsimmanenz, des Idealismus: er will eine scharfe, radicale Grenze ziehen zwischen dem Bewusstein mit seinen Inhalten und demjenigen, was jenseits des Bewusstseins liegt, zwischen den Erscheinungen und den Dingen an sich; nur auf jene bezieht sich unsere Erkenntnis, während diese gänzlich unerkennbar sind, weil sowohl unsere Anschauungs-, als auch unsere Denkformen, die ohne ein in der sinnlichen Anschauung gegebenes Material nur leere Formeln sind, für das transscendente Gebiet keine Geltung besitzen. Allein so scharf diese Grenze im Prinzip gezogen wird, in der Ausführung wird sie doch mannigfach überschritten. Es zeigt sich nämlich dass Kant, so nachdrücklich er auch betont, von den Dingen an sich nichts zu wissen, doch in Wahrheit von ihnen sehr vieles weiss, indem er dieselben mit bestimmten Merkmalen ausstattet, wodurch sie die Rolle eines unbekannten X aufgeben und zu einem bekannten Etwas werden, so dass Volkelt vollkommen recht hat, wenn er sagt,*) dass durch Kants Vernunftkritik eine ziemlich entwickelte Metaphysik vom Dinge an sich sich hindurchziehe. Kant ist eben kein consequenter Idealist — einen solchen hat es auch überhaupt nicht gegeben —; seine Erkenntnistheorie enthält eine Reihe realistischer Elemente, die zwar mit seiner idealistischen Grundansicht unvereinbar sind, aber nun einmal da sind und sich nicht wegdemonstriren lassen.**)

---

*) Erfahrung und Denken. S. 118.

**) Das hat man allerdings vielfach, obwohl erfolglos versucht. Um die Kantische Erkenntnistheorie als eine widerspruchsfreie Lehre hinzustellen, haben viele Kantinterpreten das Ding an sich aus derselben eliminiren und den reinen Idealismus in Kants Lehre hineindeuten

Es giebt nach Kant jenseits der Bewusstseinsgrenzen eine absolut-reale Wirklichkeit, u. z. ist dieselbe nicht bloss wollen, indem sie behaupteten, Kant hätte die Realität des Dinges an sich gar nicht gelehrt, sondern dasselbe nur für ein Gedankending, für eine zu den Erscheinungen vom vorstellenden Subject nur hinzugedachte Ursache gehalten. Nun kann darüber gar kein Zweifel sein, dass vom Standpunkt des Kantischen Idealismus das Ding an sich ein Unding ist; das haben Männer, wie Jacobi, Maimon und Schulze, erkannt, und seit der Zeit ist das Kantische Ding an sich zu einer Zielscheibe für die Angriffe, die man gegen Kants Lehre gerichtet, geworden. Aber desshalb das Ding an sich aus Kants Erkenntnistheorie entfernen und obenhrein behaupten wollen, dass man sich damit mit Kants eigener Meinung in Uebereinstimmung befinde, geht schlechterdings nicht an, weil Kant nun einmal an der Realität der Dinge an sich ausdrücklich festgehalten hat. Niemals ist es ihm in den Sinn gekommen, die Existenz einer absolut-realen Wirklichkeit zu leugnen, oder auch nur zu bezweifeln. Darüber hat er sich mehr als einmal ausdrücklich und mit völliger Bestimmtheit geäussert. Wir ziehen nur zwei Stellen an. In den Prolegomena (§ 32) heisst es wörtlich: „In der That, wenn wir die Gegenstände der Sinne, wie billig, als blosse Erscheinungen ansehen, so gestehen wir hiedurch doch zugleich, dass ihnen ein Ding an sich zum Grunde liege, ob wir dasselbe gleich nicht, wie es an sich beschaffen sei, sondern nur seine Erscheinung, d. i. die Art, wie unsere Sinne von diesem unbekannten Etwas afficiert werden, kennen"; und an einer anderen Stelle desselben Werkes (§ 57) sagt Kant: „Es würde aber andererseits eine noch grössere Ungereimtheit sein, wenn wir gar keine Dinge an sich selbst einräumen" u. s. w. Das ist doch deutlich genug gesprochen! Und wie ernst es Kant mit der absoluten Realität der Dinge an sich gewesen ist, davon zeugt die Thatsache, dass er, um nicht mit Berkeley der diese Realität wenigstens in Bezug auf die Körperwelt leugnete, auf dieselbe Stufe gestellt zu werden, in der zweiten Auflage der Kritik eine ausdrückliche Widerlegung des Idealismus versucht hat, womit er freilich mit seinem eigenen Idealismus in Widerspruch geraten ist. Kuno Fischer sagt ebenso treffend wie witzig (Geschichte der neuern Philosophie, Bd. 5, 2. Aufl. S. 90), dass für diejenigen, welche meinen, Kant hätte das Ding an sich für nichts Reales gehalten, die Vernunftkritik Kants ein Ding an sich geblieben ist. Die diejenige Ansicht (vergl. Windelband, Gesch. d. n. Philos. Bd. II, S. 90), wonach Kant aus praktischen Bedürfnissen an der Realität der Dinge an sich festgehalten haben soll, können wir nicht billigen. Das Motiv, welches Kant bestimmte, Dinge an sich anzunehmen, war wenigstens in seiner Erkenntniskritik rein theoretischer Natur; er brauchte eine absolut-reale Wirklichkeit, um das Zustandekommen unserer Empfindungen zu erklären. Rücksichten auf die Zwecke der Ethik würden Kant sicherlich nicht zur Annahme der Dinge an sich veranlasst haben. Hat doch Fichte mit dem Ding an sich aufgeräumt ohne Gefahr für die Ethik. Bei ihm producirt das Ich sowohl die Form als auch die Materie unserer Wahrnehmungswelt, es setzt sich ein Nicht-Ich entgegen, um ein Material für die Erfüllung der sittlichen Pflicht zu haben; von Dingen an sich ist keine Rede. Das Resultat unserer Betrachtungen ist also dies, dass das Ding an sich ein integrirender Bestandteil der Erkenntnistheorie Kants ist.

da, sondern sie steht nach Kants ausdrücklicher Lehre in Beziehung zum erkennenden Bewusstsein. Die Dinge an sich nämlich afficiren — wie Kant lehrt — unsere Sinnlichkeit und veranlassen dieselbe zur Entwickelung der Empfindungen; die Materie unserer Wahrnehmungen beruht also auf einer Affection unserer Sinne durch die Dinge der absolut-realen Wirklichkeit. Mit dieser Lehre Kants wird auf einen Schlag das Ding an sich mit einer Reihe positiver Bestimmungen ausgestattet, welche Kant bloss für die Erscheinungen reserviren zu müssen glaubte. Denn wenn Affection überhaupt mehr bedeuten soll als ein leeres Wort, so ist darunter nichts anderes zu verstehen, als ein causales Verhältnis; Dinge an sich afficiren unsere Sinne: heisst mit anderen Worten: sie wirken auf unsere Sinne ein und bewirken die Empfindungen. Zwischen den Empfindungen als Bewusstseinszuständen und den Dingen an sich besteht also das Verhältnis von Ursache und Wirkung.*) Im causalen Verhältnis ist aber die Zeit als wesentliches Moment enthalten; denn das Wirken bedeutet eine Thätigkeit, die ohne Zeit nicht denkbar ist. Wenn man dagegen meint, es könne auch eine zeitlose Causalität geben, so gestehen wir, das wir eine solche Causalität nicht begreifen; sie ist für unser Fassungsvermögen ein Unding.**) Wenn also Kant behauptet, die Dinge an sich afficiren unsere Sinne, sie wirken auf dieselben ein, so muss die Zeit ihre ausschliessliche Rolle einer blossen Anschauungsform aufgeben und zu einer realen Form des Transscendenten werden; sie besitzt nicht mehr bloss eine empirische Realität neben der transscendentalen Idealität, sondern auch eine transscendente Realität, sie gilt nicht nur für die Erscheinungen, sondern auch für die Dinge an sich. Dies wird noch deutlicher durch folgende Erwägungen: Unsere Wahrnehmungswelt ist nicht

---

*) Man könnte diese Consequenz leugnen und behaupten, Kant habe sich unter „Affection" überhaupt nichts Bestimmtes gedacht, er habe damit kein bestimmtes Verhältnis zwischen den Dingen an sich und unserer Sinnlichkeit bezeichnen wollen, viel weniger ein causales Verhältnis. Allein dass Kant sich nichts Bestimmtes unter dem Ausdruck „Affection" gedacht hätte, können wir nicht zugeben; sicherlich hat er damit eine Einwirkung gemeint; nur ist es ihm nicht zum Bewusstsein gekommen, dass er, wenn er von einer Affection unserer Sinne durch Dinge an sich redet, sich damit mit seiner Lehre, dass die Causalität nur auf Erscheinungen anwendbar sei, im Widerspruch befindet.

**) Mit dieser Ausführung haben wir den erst später anzustellenden Betrachtungen bereits vorgegriffen.

starr und unveränderlich, sondern in fortwährender Veränderung, in stetiger Umbildung begriffen; die Objecte der Erscheinungswelt sind einem Wechsel unterworfen: sie wechseln ihre Form und Gestalt, sie wechseln ihre Eigenschaften, sie wechseln ihre Lage zu einander. Dass nun dieser Wechsel, diese Veränderung, nichts Reales, sondern nur etwas Vorgestelltes sein solle, wie Kant meint: das ist ein unmöglicher Gedanke Denn was sollen denn die Wahrnehmungen sein, wenn sie nicht Zustände eines Wesens sind, das sie hat? Was sollen die Erscheinungen bedeuten, wenn sie nicht Zustände eines Wesens sind, dem etwas erscheint? Sind sie aber Zustände, dann sind sie auch real; denn was ein Zustand bedeuten sollte, der nicht real wäre, das ist vollkommen unverständlich. Wenn aber die Wahrnehmungen real sind, so ist auch ihr Wechsel etwas Reales und nicht bloss etwas Vorgestelltes. Nun behauptet Kant, dass den Erscheinungen ein Ding an sich zu Grunde liege; er führt die bestimmte Beschaffenheit derselben, die quantitativen Eigenschaften, in welchen sie uns erscheinen, auf die Dinge an sich als den zureichenden Realgrund zurück. Nun wechseln aber die Erscheinungen ihre Beschaffenheit, sie erscheinen uns bald in dieser, bald in jener Eigenschaft. Die Consequenz wird also wohl diese sein, auch für den Wechsel der Eigenschaften unserer Wahrnehmungen den zureichenden Grund in den Dingen an sich zu suchen. Die bestimmte Beschaffenheit der Wahrnehmungen ist von den Dingen an sich abhängig: diese Beschaffenheit wechselt; darum wird auch in den Dingen an sich ein Wechsel stattfinden müssen. Ein Ding afficirt mich bald in dieser, bald in einer anderen Weise; es wird sich also wohl verändert haben; denn sonst würde es mich nicht in verschiedener, sondern in derselben Weise afficiren. Dafür ein Beispiel! Ich nehme im Frühling einen Baum wahr, der mit grünen Blättern bedeckt ist; dieser Erscheinung des Baumes liegt nach Kants eigener Lehre ein Ding an sich zu Grunde. Mag nun dieses Ding beschaffen sein, wie es wolle, mag es meiner Wahrnehmung congruent sein oder nicht, das ist für unseren vorliegenden Zweck völlig gleichgiltig: jedenfalls ist es ein reales Etwas, welches meine Sinnlichkeit so afficirt, dass ich die Empfindung des Grünen habe. Nun nehme ich im Herbst denselben Baum wahr, aber er ist jetzt nicht mehr mit grünen, sondern mit gelben Blättern bedeckt. Das Ding an sich, welches dieser Erscheinung zu Grunde liegt, afficirt mich also nicht mehr in der Weise, dass ich die Empfindung des Grünen habe, sondern so, dass ich Gelb empfinde. Daraus folgt, dass dieses Ding sich selbst verändert haben muss; denn sonst könnte es nicht bewirken, dass ich einmal die Empfindung des Grünen, das andere Mal die Empfindung des Gelben hätte. Es giebt also im transscendenten Gebiet der Dinge an sich Veränderungen, und es müssen solche angenommen werden, wenn wir überhaupt die absolut-reale Wirklichkeit zu dem Zwecke verwenden, um das Zustandekommen unserer Empfindungen zu erklären. Wo es aber Veränderungen giebt, da muss es auch Zeit geben: es muss ein Unterschied vorhanden sein zwischen dem Früher und dem Später; denn Veränderung bedeutet ein Nacheinander von Zuständen: ein Ding verändert sich heisst: es nimmt einen Zustand an, den es früher nicht hatte. Allein man wird diese Consequenz leugnen; man wird uns entgegnen, dass allerdings in der absolut-realen Wirklichkeit Veränderungen geschehen, aber sie geschehen nicht in der Zeit, sondern in einer anderen Form. Nun, das wäre eine ganz sonderbare Ansicht; denn wir würden damit den Begriff einer „zeitlosen Veränderung" concipiren. Ein solcher Begriff ist aber undenkbar. Zeitlose Veränderung ist ein hölzernes Eisen, d. h. ein Widerspruch. Das Merkmal der Zeitlichkeit ist eine wesentliche Bestimmung des Begriffs der Veränderung, und nach dessen Elimination hat dieser Begriff keinen Sinn mehr, er wird selbst aufgehoben. Veränderungen geschehen in der Zeit: dieser Satz ist ein analytisches Urteil, dessen Wahrheit nach dem Prinzip des Widerspruchs unmittelbar erkannt wird. Wer also von Veränderungen als etwas Realem redet, der ist durch logische Consequenz gezwungen, auch dasjenige real zu setzen, ohne welches die Veränderung gar nicht gedacht werden kann, nämlich die Zeit.*) Allein auch damit wird man sich nicht zufrieden geben, sondern erwidern, dass aus der Denkunmöglichkeit keineswegs die Seinsunmöglichkeit folge, dass

---

*) Diejenigen, welche an der Kantischen Lehre von der transscendentalen Idealität der Zeit festhalten, begründen ihre Ansicht namentlich mit dem von Schopenhauer vielfach geltend gemachten Argument, dass nämlich die Realität nur in der Gegenwart liege, während die Vergangenheit nicht mehr ist und die Zukunft noch nicht ist, beide also keine Realität besitzen. Allein so richtig dies ist, sowenig beweist es irgen t etwas gegen die Realität der Zeit. Denn die Gegenwart ist nicht ein ewiges, ruhendes, wandelloses beharrendes Etwas, kein „nunc stans" der Scholastiker, sondern etwas Wandelbares, stetig Wechselndes; es giebt nicht Eine Gegenwart, sondern viele auf einanderfolgende Gegenwarten. Es ist richtig, dass Realität nur in der Gegenwart liegt; aber das Vergangene

daraus, dass wir etwa nicht begreifen können, sich nicht folgern lasse, dieses Etwas existire nicht. Zeitloses Geschehen können wir nicht begreifen; es ist uns unverständlich, wie etwas geschehen könne, ohne in der Form der Zeit zu geschehen; aber daraus lasse sich nicht folgern, dass es kein zeitloses Geschehen gebe. Darauf erwidern wir folgendes: Es mag wohl manches in der Wirklichkeit geben, was wir nicht begreifen und vielleicht niemals werden begreifen können: ist doch in letzter Linie alles in der Welt, wenn wir es auf die letzten, metaphysischen Gründe zurückführen wollen, für uns ein Rätsel; aber was einen directen Widerspruch in sich schliesst, dessen Existenz müssen wir entschieden bestreiten. Denn es ist ein notwendiges Postulat jeder wissenschaftlichen Forschung, dass die Wirklichkeit den Widerspruch nicht ertrage, dass das, was denkunmöglich ist, auch nicht existiren könne; dass vielmehr alles, was wir in Uebereinstimmung mit unseren Denkgesetzen als notwendig denken, soweit es sich überhaupt auf Wirkliches bezieht, auch für die Wirklichkeit Geltung besitze. Würde dagegen dieses Postulat nicht als notwendig gelten, könnte die Wirklichkeit den Widerspruch ertragen, würde der logische Grundsatz des Widerspruchs nicht ausnahmslos ontologische Bedeutung besitzen: dann hörte alle Wissenschaft vom Seienden auf, dann müssten wir nicht bloss die Bücher über die Metaphysik — was Hume empfahl —, sondern auch alle Bücher, worin Fragen, welche das Seiende betreffen, erörtert werden, in's Feuer werfen. Der Begriff des zeitlosen Geschehens ist aber ein sich widersprechender Begriff; darum kann es zeitloses Geschehen nicht geben. — Das Resultat unserer Untersuchungen über das

---

ist früher Gegenwart gewesen und hat Realität genossen, das Zukünftige wird einst Gegenwart werden und Realität geniessen. Relativ, mit Rücksicht auf die jeweilige Gegenwart betrachtet, bedeuten Vergangenheit und Zukunft nichts Reales, sondern nur etwas Ideales: das Vergangene lebt nur in unserer Erinnerung, das Zukünftige nur in unserer anticipirenden Phantasie; aber absolut betrachtet, kommt ihnen dieselbe Realität zu, wie der momentanen Gegenwart: denn das Vergangene ist früher real gewesen, das Zukünftige wird später real sein. Die Wirklichkeit ist ein stetiges Aufeinanderfolgen von Veränderungen, von denen diejenigen, welche jeweilig das Dasein geniessen, vergehen, um den kommenden Platz zu machen; sie ist ein stetiges Fortrücken der Gegenwart in die Zukunft, sie gleicht einem Strom, dessen Wellen aus der Zukunft durch die Gegenwart in die Vergangenheit sich fortwälzen. Succession lässt sich aus der Wirklichkeit nicht wegschaffen, und wo Succession ist, da ist auch Zeit. Der Grundtypus der Wirklichkeit ist das Werden, die Veränderung; wie aber das Werden ohne Zeit möglich sein soll, das ist völlig unverständlich.

Zeitproblem ist also dieses: Die Zeit ist nicht bloss wie Kant meint — eine Anschauungsform, sondern auch eine Daseinsform; sie besitzt nicht nur empirische Realität für das Gebiet der Erscheinungen neben transscendentaler Idealität, sondern sie besitzt auch absolute, transscendente Realität für das Gebiet der Dinge an sich. Dieses Ergebnis folgt — wie wir gesehen haben — aus Kants eigener Lehre von der Affection unserer Sinne durch die Dinge an sich, wenn man die notwendigen Consequenzen aus dieser Lehre zieht, was Kant unterlassen hat, weil er nur seine idealistischen Gedankengänge verfolgte, während er die realistischen Elemente seiner Erkenntnistheorie nur eingeführt, aber die Consequenzen, die aus ihnen sich ergeben, sich nicht klar gemacht hat.*) — Wenn dem aber so ist, wenn in der absolut-realen Wirklichkeit Veränderungen vor sich gehen, wenn es dort eine reale Ordnung des Geschehens, ein reales Früher und Später, ein reales Nacheinander giebt, und wenn diese Wirklichkeit im causalen Verhältnis zu unserem Bewusstsein steht: so ist die bestimmte Ordnung unserer Wahrnehmungen eine Folge der realen Ordnung des Geschehens im transscendenten Gebiet. Kant unterscheidet zwischen der Materie und der Form der Erscheinungen; jene ist ihm ein roher, ungeordneter, völlig formloser Stoff, der erst durch das vorstellende Bewusstsein in eine Form gebracht und geordnet werden soll. Allein dieser Unterschied besteht nur in der Abstraction. Niemals ist der Stoff völlig formlos, so dass er erst geformt werden müsste, sondern er tritt schon in einer gewissen Form auf, ohne welche er überhaupt nichts wäre. Unsere Empfindungen sind nicht ursprünglich ein Chaos, welches erst in eine Form gebracht werden müsste, sondern sie haben bereits eine Form, die Form liegt in ihnen, sie ist mit ihnen gegeben. So ist auch die zeitliche

---

*) Die Frage, welche Art der Realität wir der Zeit zuerkennen sollen, ist eine metaphysische und könnte nur durch eingehende metaphysische Untersuchungen, die wir hier nicht anstellen können, erschöpfend beantwortet werden. Indess können wir dieselbe hier nicht ganz umgehen, weil sonst unsere obigen Ausführungen leicht zu Missverständnissen führen könnten. — Die Zeit als Substanz, als eine für sich seiende, von den Dingen und deren Veränderungen gesonderte Wesenheit zu betrachten, ist unmöglich, Ein reines Fliessen, ein „fluxus purus", in dem nichts fliesst, eine Succession an sich, in der nichts succedirt, eine für sich seiende leere Zeit ist ein Unding, wie Kant richtig sagt (Kr. d. r. V. S. 64 fg.), und einem Unding können wir keine Realität zuschreiben. Aber auch als Inhärenz, als eine den Dingen innewohnende Eigenschaft, kann die Zeit nicht angesehen

Ordnung der Erscheinungen nicht etwas in die Empfindungen von uns erst Hineingelegtes, sondern etwas mit denselben Gegebenes, sie wird nicht gemacht, sondern gefunden, sie ist Gegenstand der Empfindung ebensogut wie die Materie der Erscheinungen. Laas hat vollkommen recht, wenn er von sinnlich erlebter Zeit redet.*) Wir erleben in der That die Zeit, wir empfinden die Ordnung der Succession zugleich mit dem Inhalt, der in ihr succedirt, wir empfinden dieselbe, weil wir in Abhängigkeit von Dingen stehen, die auf unsere Sinnlichkeit einwirken und die Ordnung, in welcher ihre eigenen Zustände succediren, unserem Bewusstsein aufnötigen. — Was folgt nun aus diesen Betrachtungen für die Kantische Beweisführung? Daraus folgt, dass wir, um objective Successionen, um ein Geschehen zu erfahren, nicht des Begriffs der Causalität bedürfen, welcher der Einbildungskraft allererst eine bestimmte Regel geben sollte, wonach dieselbe die Wahrnehmungen in einer notwendigen Ordnung ihrer Aufeinanderfolge verknüpfte, eine Regel, welche erst bestimmen sollte, welche Erscheinung als die vorangehende und welche als die nachfolgende durch die Einbildungskraft gesetzt werden muss. Einer solchen Verstandesregel bedarf es hier nicht; denn die bestimmte Ordnung, in welcher unsere Wahrnehmungen succediren, ist uns in der Empfindung gegeben; wir erfahren, wir empfinden was früher und was später ist, was vorangeht und was nachfolgt. Die Einbildungskraft steht nicht ratlos vor einem Chaos von Empfindungen, so dass sie sich erst vom Denken eine Regel erborgen müsste, um in dieses Chaos eine bestimmte Ordnung hineinzubringen; in der empfundenen Ordnung der Aufeinanderfolge ist ihr die Regel gegeben für die Ver-

---

werden; denn Eigenschaften der Dinge sind die Kräfte und die auf Grund derselben entwickelten wechselnden Zustände. Die Zeit kann nur ein Verhältnis bedeuten, eine Relation zwischen den Zuständen der Dinge: sie ist — wie dies schon Leibniz richtig erkannt hat (dritter Brief an Clarke, Op. ed. Erdmann S. 752) — eine Ordnung der Successionen. Als solche aber ist sie etwas Reales, nicht bloss etwas Ideales, eine Daseinsweise, nicht bloss eine Vorstellungsweise. Denn das Geschehen ist real; wenn aber das Geschehen real ist, so ist auch die Zeit als Form desselben real, sie ist die reale Ordnung, in welcher der Wechsel der Zustände der Dinge sich vollzieht. Freilich existirt sie nicht gesondert von diesem Wechsel, sie ist nicht davon verschieden; sie geht vielmehr in dem Wechsel der Zustände, in dem Geschehen auf, und besteht nur solange, als es ein Geschehen giebt; denn eine

---

*) a. a. O. S. 74.

knüpfung der Erscheinungen nach einem eindeutig bestimmten Verhältnis der Succession. Und diese Ordnung, in welcher unsere Wahrnehmungen succediren, ist eine notwendige. Sie ist notwendig, weil sie unserem Bewusstsein aufgenötigt worden ist; wir können sie nicht ändern, wir können unsere Wahrnehmungen nicht in einer umgekehrten Reihenfolge auffassen, weil wir dann auch die Macht haben müssten, das reale Geschehen zu ändern. Aber diese Notwendigkeit ist eine Notwendigkeit der Thatsache, sie ist eine empfundene Nötigung, ein Zwang, keineswegs aber — wie Kant will — eine durch das Denken statuirte Notwendigkeit eines causalen Verhältnisses. Zwei Wahrnehmungen folgen aufeinander; ich finde es so, ich kann es nicht ändern, ich muss diese Ordnung in meiner Apprehension beobachten, und darin besteht die Notwendigkeit dieser Ordnung. Sie ist für mich ebenso notwendig, wie es für mich notwendig ist, die Rose mit der Eigenschaft der roten Farbe zu empfinden; hier wie dort ist es die Notwendigkeit einer Thatsache, oder — besser gesagt — eine einfache vorgefundene Nötigung. Diese Erwägungen leiten unmittelbar über zu den folgenden Betrachtungen.

Wir glauben nachgewiesen zu haben, dass die Bedingung der Erfahrung objectiver Succession keine transscendentale, sondern eine empirische ist, dass die notwendige Ordnung, in welcher unsere Wahrnehmungen auf einander folgen, nicht auf dem Begriff der Causalität, als apriorischer Verknüpfungsregel des Denkens beruht, sondern Gegenstand der Empfindung ist. Nunmehr wollen wir zeigen, welche Consequenz aus Kants Lehre sich ergeben würde, und wir wollen diese Consequenz an den Thatsachen der Erfahrung prüfen. — Wenn es sich so verhielte, wie Kant meint, wenn die Causalität eine not-

---

Ordnung der Successionen setzt etwas voraus, was succedirt, eine Ordnung ohne ein Geordnetes giebt es nicht. Würde es in der Welt kein Geschehen geben, dann gäbe es auch keine Zeit: solange es aber ein Geschehen giebt, solange bedeutet auch die Zeit, als die Ordnung desselben, etwas Reales. Wenn aber die Zeit nur insofern etwas Reales bedeutet, als es Veränderungen giebt, so ist es auch nach unserem Dafürhalten vollkommen müssig, sich mit der Frage, ob die Welt einen Anfang oder keinen Anfang in der Zeit habe, den Kopf zu zerbrechen, oder gar — wie es Kant gethan hat (a. a. O. S. 354 ff.) — aus dieser Frage eine Antinomie der Vernunft zu machen. Denn die Welt selbst ist nicht in der Zeit; die Substanzen mit ihren Kräften stehen ausserhalb aller zeitlichen Relation; nur die Aeusserungen dieser Kräfte und der sich daraus ergebende Wechsel der Zustände der Dinge sind in

wendige Bedingung der Erfahrung objectiver Successionen wäre, dann müsste offenbar jede objective Succession ein causales Verhältnis bedeuten, jedes objective Folgen ein causales Erfolgen sein. Wir müssten alsdann nicht eher eine Veränderung für einen objectiven Vorgang ansehen können, bis es uns gelänge, dieselbe an eine ihr vorangehende Veränderung zu knüpfen, deren gesetzlich eintretender Erfolg sie wäre. Das Geschehen, welches wir thatsächlich erfahren, müsste durchgängig von Causalgesetzen beherrscht sein, und ein anderes, als causal geordnetes Geschehen, eine andere Aufeinanderfolge von Veränderungen, als die nach dem Gesetz der Causalität verknüpfte, müsste gar nicht in den Gesichtskreis unserer Erfahrung treten können. Dies ist die unvermeidliche Consequenz der Kantischen Lehre. Stimmt das nun mit den Thatsachen der Erfahrung, mit dem wirklichen Sachverhalt überein? Nein, diese Uebereinstimmung ist nicht vorhanden. Kant hat die Erfahrung mit einem Merkmal ausgestattet, welches in diesem Umfang und dieser Bedeutung, welche er demselben geben will, in der Erfahrung nicht angetroffen wird; er hat aus der Erfahrung etwas anderes gemacht, als was sie thatsächlich ist. Denn wenn wir unsere Erfahrungswelt, wie sie nun einmal ist, unbefangen betrachten, wenn wir

---

zeitlichen Verhältnissen, weil sie ein Geschehen bedeuten. Also nur innerhalb der bestehenden Welt, und nur soweit, als es in dieser Welt ein Geschehen giebt, existirt die Zeit als Ordnung dieses Geschehens, nicht aber ausserhalb der Welt, die in ihr wäre. Und selbst dann, wenn wir die Welt mit ihren Substanzen und Kräften als etwas Gewordenes betrachteten, wozu nach unserem Dafürhalten kein zwingender philosophischer Grund vorliegt, würde die Kantische Antinomie gar nicht bestehen, weil die Zeit nicht als leere Zeit dem Weltanfang voranginge, sondern mit ihm, mit der ersten Veränderung, der eine zweite folgte, erst Realität erhalten würde. — Wir glauben, dass der Kampf gegen die Realität der Zeit aus einem Missverständnis entsprungen ist, indem man etwas bekämpft, woran kein Mensch festhält. Man bekämpft mit Recht die Anschauung, dass die Zeit etwas vom Geschehen Verschiedenes sei, ein Etwas, in welchem die Veränderungen vor sich gehen; aber so meint es wohl niemand. Wohl reden wir von einem Strom der Zeit, wir sprechen davon, dass die Zeit fliesst, wir beklagen uns darüber, dass die Zeit so flüchtig dahineilt und alles mit sich fortreisst, wie reden gar von einem Zahn der Zeit, der an allem nagt und alles allmählich zerstört u. drgl.: aber alles das sind nur bildliche Ausdrucksweisen; wir meinen damit, wenn wir uns besinnen, eben nur das Geschehen selbst, das stetige Werden, die Thatsache, dass nichts ewig besteht, sondern alles über kurz oder lang vorgehen muss. Vrgl. die klassischen Untersuchungen über das Problem der Zeit bei Lotze, Metaphysik, Buch II. Cap. 3: die scharfsinnigen Erörterungen bei Liebmann, Zur Analysis der Wirklichkeit, S. 87 ff.; v. Hartmann, Kritische Grundlegung des transcendentalen Realismus, 3. Aufl., VI u. VII.

dieselbe uns nicht zu dem Zwecke zurechtlegen, um bestimmte erkenntnistheoretische Voraussetzungen und Lehren durchzuführen — was eben Kant, wie wir noch zeigen werden, gethan hat —, so finden wir, dass hier Zustände der Dinge auf einander folgen, ohne aus einander zu erfolgen, dass wir eine Succession als objectiv erkennen, auch wenn dieselbe keine causale Relation bedeutet. Nicht alles, was wirklich auf einander folgt, ist causal verbunden; es giebt in der Welt, wie wir sie thatsächlich erfahren, das, was man Zufall nennt, zwar nicht im absoluten Sinne — das wollen wir nicht behaupten —, wohl aber im relativen Sinne, nämlich ein Zusammentreffen von Reihen des Geschehens, die von einander causal unabhängig sind. Machen wir uns dies an einem Beispiel klar! Ich sitze in meinem Zimmer und höre, dass die Uhr schlägt. Nach dem letzten Schlage der Uhr höre ich ein Pochen an der Thür. Das Pochen folgt auf den Schlag der Uhr, und diese Aufeinanderfolge wird von mir als ein objectiver Vorgang erkannt. Ist nun hier etwa zwischen den beiden succedirenden Wahrnehmungen ein causales Verhältnis vorhanden? Ist der Schlag der Uhr die Ursache des Pochens an der Thür? Das ist offenbar nicht der Fall. Es fällt mir auch gar nicht ein, diese beiden Ereignisse in einen Causalzusammenhang zu bringen; sie bedeuten für mich ein blosses Nacheinander, aber kein Auseinander. Und doch ist hier die Ordnung in der Succession meiner Wahrnehmungen eine notwendige in dem Sinne, dass sie nicht geändert werden kann; das Pochen an der Thür kann nicht früher wahrgenommen werden, als der Schlag der Uhr, sondern muss notwendig später zum Bewusstsein kommen. Ich bin mir einer Nötigung, eines Zwanges, bewusst, das Pochen an der Thür später wahrzunehmen, als den Schlag der Uhr, und desshalb bedeutet diese Succession für mich unmittelbar einen objectiven Vorgang; von einem causalen Verhältnis aber ist hier nicht die Rede. Und wie verschwindend gering an Zahl sind doch diejenigen Ereignisse, deren causale Abhängigkeit wir kennen, im Vergleich mit denjenigen, bei denen dieselbe unbekannt ist! Wo giebt es in der von uns wahrgenommenen Welt diese durchgängige causale Ordnung des Geschehens, wie sie Kants Theorie der Causalität fordert? Zeigt uns die thatsächliche Erfahrung überall, wo wir hinblicken, causale Zusammenhänge im Geschehen? Das ist offenbar nicht der Fall. Das Gesicht, welches uns die Erfahrungswelt wirklich zeigt, ist ein anderes. Regelmässigkeit neben überwiegender Regellossigkeit in der Aufeinanderfolge von Ereignissen. Veränderungen, die einen ersichtlichen Zusammenhang unter einander zeigen, neben einer überwiegenden Zahl solcher, die im bunten, chaotischen Durcheinander geschehen, die ursprünglich ausserhalb jeden causalen Zusammenhanges zu stehen scheinen, und deren Ursachen wir entweder erst durch lange Bemühungen, oft erst auf dem Wege wissenschaftlicher Forschung entdecken, oder aufzufinden überhaupt nicht imstande sind: dies ist das Bild, welches uns die thatsächliche Erfahrungswelt zeigt. Und doch bedeutet sie in dieser Verfassung etwas Objectives, und doch ist das, was in unserer Wahrnehmung nur zufällig auf einander folgt, für uns ein objectiver Vorgang; und wir würden uns mit Recht entschieden dagegen verwahren, wenn man uns sagen wollte, dass die Succession, welche dem Causalgesetze nicht unterworfen ist, dass die Veränderung, die wir noch nicht auf eine gesetzlich wirkende Ursache zurückgeführt haben, nur ein subjectives Spiel unserer Vorstellungen sei. Demnach stimmt die Kantische Lehre, dass nur solche Successionen, welche einen causalen Zusammenhang bedeuten, von uns als objectiv erkannt werden, mit den Thatsachen der Erfahrung nicht überein.*)

Kant sagt:**) „Wenn es nun ein nothwendiges Gesetz unserer Sinnlichkeit, mithin eine formale Bedingung aller Wahrnehmungen ist: dass die vorige Zeit die folgende nothwendig bestimmt; (indem ich zur folgenden nicht anders gelangen kann, als durch die vorhergehende), so ist es auch ein unentbehrliches Gesetz der empirischen Vorstellung der Zeitreihe, dass die Erscheinungen der vergangenen Zeit jedes Dasein in der folgenden bestimmen, und dass diese als Begebenheiten nicht statt finden, als sofern jene ihnen ihr Dasein in der Zeit bestimmen, d. i. nach einer Regel festsetzen." Der erste Teil dieser Kantischen Behauptung ist richtig; der zweite dagegen trifft in dem Umfang und dem Sinne, den Kant demselben giebt, nicht zu. Ein unentbehrliches Gesetz der empirischen Vorstellung der Zeitreihe ist das Causalgesetz nicht; wir haben gezeigt, dass wir Successionen als objectiv erkennen, die kein causales Verhältnis bedeuten. Der Kantische Satz ist richtig, wenn

---

*) vrgl. darüber: Schopenhauer, Satz vom Grunde § 23 – dagegen die unzutreffenden Ausführungen bei Koenig, Entwickelung des Causalproblems von Cartesius bis Kant S. 312 fg.

**) a. a. O. S. 188.

wir ihm eine andere Wendung geben, ihm in einem anderen Sinne verstehen. Betrachten wir die Welt als Ganzes, die Totalität des realen Geschehens, so ist — vorausgesetzt, dass das Causalprincip ausnahmslose Geltung besitzt — die Summe der Veränderungen in einem Zeitmoment einerseits die Wirkung der Veränderungen in dem vorangegangenen, andererseits die Ursache der Veränderungen in dem folgenden Zeitmoment; hier fällt der Seinsgrund in der Zeit mit dem Grund des Werdens oder der Causalität zusammen, das zeitliche Verhältnis der Aufeinanderfolge ist hier zugleich das causale Verhältnis des Erfolgens. Betrachten wir dagegen einzelne Veränderungen, so ist keineswegs immer das, was auf einander folgt, zugleich causal, verbunden; hier fällt nicht immer der Seinsgrund in der Zeit mit der Causalität zusammen. Also nur auf dem Standpunkt der umfassenden Weltbetrachtung, welche vom Einzelnen absieht und nur das Ganze ins Auge fasst, gilt der Kantische Satz, dass die Begebenheiten der vergangenen Zeit jedes Dasein in der folgenden bestimmen.

Wir mussten gegen die Kantische Lehre, dass die Causalität eine Bedingung der Erfahrung objectiver Zeitfolge sei, Einsprache erheben. Allein wir dürfen dieselbe doch nicht in Bausch und Bogen verwerfen. An unserer oben entwickelten Ansicht, dass das vorstellende Bewusstsein, um objective Successionen zu erkennen, seine Wahrnehmungen dem Causalgesetz nicht zu unterwerfen braucht, halten wir im Prinzip fest. Aber wir müssen an unserer Auffassung eine Restriction anbringen, wodurch der Kantischen Lehre eine gewisse Concession gemacht wird. Bei genauerem Zusehen zeigt es sich nämlich, dass es wohl Fälle giebt, wo wir das, was objectiv vorangeht resp. objectiv nachfolgt, nur dann sicher bestimmen können, wenn wir jenes als Ursache, dieses als Wirkung fassen, wenn wir also die Aufeinanderfolge unserer Wahrnehmungen dem Causalgesetz unterwerfen. Die objective Zeitbestimmung ist nicht in allen Fällen so einfach, wie es dem unkritischen Bewusstsein scheinen könnte; es giebt Perceptionsanachronismen, die in der Organisation unserer Sinnlichkeit und der Natur der physischen Reize auf dieselbe begründet sind und nur durch den Begriff der Causalität corrigirt werden können. Wir meinen folgendes: Das vorstellende Bewusstsein hat die natürliche Tendenz, die Wahrnehmungen unmittelbar zu objectiviren; und so wird auch alles, was in der Wahrnehmung succedirt, ohne weiteres als ein objectiver Vorgang angesehen; wir glauben ursprünglich, dass das, was in unserer Wahrnehmung früher bezw. später ist, auch im Gegenstande in dieser Ordnung auf einander folgt. Allein weitere Erfahrungen überzeugen uns davon, dass diese natürliche Tendenz zu Täuschungen führt, dass es Fälle giebt, wo das, was in unserer Wahrnehmung vorangeht, im Object gerade nachfolgt, und umgekehrt. Dies hat seinen Grund darin, dass die Wahrnehmungen verschiedenen Sinnen angehören — es kommen hier besonders der Gesichts- und der Gehörssinn in Betracht — und dass die Schallwellen sich langsamer fortpflanzen, als die Schwingungen des Lichts, daher den Gehörssinn später afficiren, als diese den Gesichtssinn. Die Wahrnehmungen des Gehörs folgen auf diejenigen des Gesichts; damit ist aber nicht gesagt, dass auch die Objecte dieser Wahrnehmungen in dieser Ordnung succediren; denn die Ordnung, in welcher die äusseren Reize meine Sinne afficiren, ist — aus soeben dargelegtem Grunde — keine adäquate Wiedergabe der Ordnung, in welcher die Objecte, von denen diese Reize ausgehen, auf einander folgen. Und hier haben wir, um den Zeitpunkt einer Wahrnehmung objectiv zu bestimmen, kein anderes Mittel, als dieses, das Causalgesetz anzuwenden: wir müssen ermitteln, was von dem, was in unserer Wahrnehmung succedirt, Ursache und was Wirkung ist, erst dann ist die Succession objectiv bestimmt. Dafür ein Beispiel! Ich sehe zuerst den Blitz und dann höre ich den Donner; die Wahrnehmung des Donners folgt auf die Wahrnehmung des Blitzes, und diese Succession wird von mir für einen objectiven Vorgang gehalten. Allein zu dieser Auffassung bin ich nur berechtigt, wenn ich anderweitig weiss, dass der Blitz die Ursache des Donners ist; erst dann kann ich sagen, dass der Donner objectiv auf den Blitz folgt. Denn es giebt Fälle, wo das, was in meiner Wahrnehmung in einer bestimmten Ordnung auf einander folgt, im Gegenstande gerade in der umgekehrten Ordnung succedirt. Ich sehe z. B. von weitem dem Exerciren eines Regiments Soldaten zu; ich sehe zuerst die Bewegungen der Soldaten und dann höre ich die Stimme des Commandeurs. Würde ich nun in diesem Falle die Ordnung in der Succession meiner Wahrnehmungen ohne weiteres für einen objectiven Vorgang halten, so würde ich mich täuschen; ich würde den objectiven Zeitpunkt besagter Veränderungen falsch bestimmen. Denn objectiv folgt ja die Bewegung der Soldaten auf die Stimme des Commandeurs. Ich muss also, um die objective Succession zu erkennen, meine Wahrnehmungen corrigiren, und ich kann dies nur ausführen, wenn ich die Bewegung der Soldaten als Wirkung des an dieselben ergangenen Commandos fasse.*) Dies ist das Zugeständnis, welches wir der Kantischen Lehre machen. Indess ist, wenn wir genauer zusehen, diese Concession nicht von der Art, dass durch dieselbe die Lehre Kants in ihrem stricten Sinne für ein Gebiet der Erfahrung objectiver Successionen als giltig anerkannt wäre. Denn ein N a t u r g e s e t z unserer Intelligenz, ein unentbehrliches Gesetz der empirischen Vorstellung der Zeitreihe, ist die Causalität in keinem Falle. Es ist keineswegs so, wie Kant im dritten Argument seines Beweises darzuthun gesucht hat, dass nämlich die Succession unserer Wahrnehmungen, ursprünglich eine blosse Modification des „Gemüts", überhaupt erst durch den Begriff der Causalität auf einen Gegenstand bezogen, d. h. objectivirt werde. Für diese Objectivation bedarf es der Causalität nicht; vielmehr objectiviren wir vermöge einer natürlichen Tendenz unmittelbar alles, was in unserer Wahrnehmung succedirt, wenn wir uns nur bewusst sind, dass diese Succession nicht von unserer subjectiven Willkür abhängig ist. Die Frage ist nur, ob wir so richtig objectiviren. Und, um diese Frage zu entscheiden, bedürfen wir — wie soeben gezeigt worden ist — in vielen Fällen des Begriffs der Causalität, welcher als N o r m a l g e s e t z die richtige Objectivation von der falschen scheidet. Als dieses Normalgesetz kann uns aber die Causalität nur dienen, wenn wir bereits festgestellt haben, was im vorliegenden Falle Ursache und was Wirkung ist. Dies können wir aber durch kein anderes Mittel bewerkstelligen, als nur durch die Wahrnehmung. Die Erfahrung muss uns zeigen, was in einem bestimmten Falle der Succession von Veränderungen regelmässig vorangeht und was regelmässig nachfolgt; dann betrachten wir jenes als Ursache, dieses als Wirkung, und gewinnen so den Massstab, den wir auf die Wahrnehmung jener Succession unter veränderten Bedingungen anwenden und dieselbe corrigiren. Um also zu bestimmen, was objectiv vorangeht und was objectiv nachfolgt, dazu haben wir in letzter Linie kein anderes Mittel, als die thatsächliche Erfahrung; und wenn wir gesagt haben, dass wir in vielen Fällen erst auf Grund des Causalgesetzes bestimmen können, was objectiv succedirt, so hatte dieser Satz schliesslich keine andere Bedeutung als die, dass wir eine Wahrnehmung, die wir unter veränderten

---

*) vrgl. darüber: Sigwart, Logik, Bd. II, § 87.

Bedingungen machen, durch eine unter gewöhnlichen Bedingungen gemachte Wahrnehmung corrigiren.

Kant unterscheidet zwischen Wahrnehmungs- und Erfahrungsurteilen; jene sollen nur einen subjectiven Zustand der Auffassung, diese eine objective Beschaffenheit des Gegenstandes zum Ausdruck bringen. Er erläutert diesen Unterschied durch folgendes Beispiel:[*) Das Urteil: wenn die Sonne den Stein bescheint, so wird er warm, ist ein blosses Wahrnehmungsurteil; es besagt nur, dass ich und vielleicht auch andere Menschen diese Ereignisse in dieser Ordnung objectiv verbunden vorgestellt haben. „Sage ich aber: die Sonne erwärmt den Stein, so kommt über die Wahrnehmung noch der Verstandesbegriff der Ursache hinzu, der mit dem Begriff des Sonnenscheins den der Wärme notwendig verknüpft, und das synthetische Urteil wird notwendig allgemeingültig, folglich objectiv, und aus einer Wahrnehmung in Erfahrung verwandelt." Die Folge dieser Kantischen Lehre ist also die, dass alle Urteile über objective Successionen notwendig Causalsätze sind, und wenn sie nicht Causalsätze sind, keine objective Bedeutung haben. Ist das nun wirklich der Fall? Nein, wir können die Kantische Unterscheidung, zwischen blossen Wahrnehmungsurteilen, die nur subjectiv gelten sollen, und den Erfahrungsurteilen, die allein objective Bedeutung haben sollen, in der scharfen Fassung, wie sie bei Kant vorliegt, nicht als richtig anerkennen. Das Urteil: wenn die Sonne den Stein bescheint, so wird er warm, drückt ebenso etwas Objectives aus, wie das Urteil: die Sonne erwärmt den Stein; ihrer erkenntnistheoretischen Bedeutung nach sind beide Urteile einander vollkommen gleich, beide wollen etwas Allgemeingiltiges aussagen und etwas Objectives treffen; sie unterscheiden sich nur durch das, was in ihnen behauptet wird. Es ist nicht so, wie Kant meint,[**) dass ich, wenn ich das erstere Urteil fälle, „gar nicht verlange, dass ich es jederzeit, oder jeder andere es ebenso, wie ich, finden soll"; das verlange ich sehr wohl; ich will, dass jeder, der unter denselben Bedingungen wahrnimmt, unter denen ich wahrnehme, es ebenso, wie ich, finden soll; ich bin mir bewusst, dass ich etwas behaupte, was objectiv gilt. Der Unterschied zwischen diesen beiden Urteilen liegt nur darin, dass ich im ersteren nur die Aufeinanderfolge zweier Ereignisse beurteile, ohne Rücksicht auf ihren

---

*) Prolegomena § 20 Anm. 2.
**) a. a. O. § 19.

etwaigen causalen Zusammenhang, während ich im letzteren die nachträglich gefundene causale Beziehung derselben behaupte. Ich sage jetzt: nicht nur die zeitliche Relation der Aufeinanderfolge besteht zwischen dem Sonnenschein und der Erwärmung des Steins, sondern ausserdem die causale Relation des Erfolgens dieser aus jenem. Aber es ist klar, dass ich, um dies Urteil aussagen zu können, zuvor die Aufeinanderfolge zwischen dem Sonnenschein und der Erwärmung des Steins als objectiv erkannt haben muss; ich muss zuvor constatirt haben, dass diese Ereignisse regelmässig auf einander folgen, ehe ich aussagen kann, dass sie im causalen Zusammenhang stehen. Das Urtheil: wenn die Sonne den Stein bescheint so wird er warm, bereitet, als Urtheil über die einfache Succession, das Urteil: die Sonne erwärmt den Stein, als einen Causalsatz, vor, ist aber ebenso objectiv-giltig, wie dieses, und muss es sein, weil sonst dieses gar nicht ausgesagt werden könnte. Kants Unterscheidung zwischen blossen Wahrnehmungsurteilen und Erfahrungsurteilen liegt also in dieser Bedeutung, welche Kant ihr giebt, gar nicht vor; sie würde nur — abgesehen von solchen Fällen, wo das Beurteilte überhaupt nur etwas Subjectives ist — für die Fälle gelten, wo es — wie wir früher gezeigt haben — aus bestimmten Gründen fraglich ist, ob das vorstellende Subject seine Wahrnehmungen richtig auf Gegenstände bezieht. Wir sind stets durch einen Naturinstinct dazu getrieben, unsere Wahrnehmungen zu objectiviren, und damit fahren wir solange unbefangen fort, bis wir gewahr werden, dass diese naturwüchsige Tendenz unsere Wahrnehmungsurteile zu Widersprüchen führt. Dann gehen wir vorsichtiger zu Wege, dann unterscheiden wir zwischen der blossen Wahrnehmung und der Erfahrung, und dementsprechend zwischen einem blossen Wahrnehmungsurteil und einem Erfahrungsurteil. Also nicht für das gewöhnliche Bewusstsein, welches alle seine Wahrnehmungen sofort objectivirt, ihnen sofort eine Beziehung auf einen Gegenstand giebt, sondern nur für das kritische Bewusstsein, welches gelernt hat, seinen Wahrnehmungen nicht immer zu trauen, sondern erst zu prüfen, inwieweit dieselben Objectives aussagen, besteht die Kantische Unterscheidung zwischen Wahrnehmungs- und Erfahrungsurteilen.

Wir sind an dem Punkte angelangt, wo wir die Frage stellen müssen, was denn das für eine Erfahrung ist, welche die Merkmale zeigt, mit denen Kant sie ausstattet; was das für eine Erfahrung ist, deren Objecte so durchgängig im notwendigen Zusammenhang unter einander stehen, dass jede Veränderung der notwendig eintretende Erfolg einer gesetzlich wirkenden Ursache ist; was das für eine Erfahrung ist, deren Urteile über die Successionen der Ereignisse lauter Causalsätze sind. Ist das die Erfahrung im gewöhnlichen Sinne, die Erfahrung, als das in der sinnlichen Anschauung von uns wahrgenommene Weltbild? Nein, diese Erfahrung ist es nicht. Wir haben dargethan, dass die Erfahrung, wie sie thatsächlich ist, diese Merkmale nicht aufweist. Es ist die wissenschaftliche Erfahrung, die Erfahrungsw i s s e n s c h a f t, welche diesem idealen Bild, das Kant von ihr entwirft, congruent ist. Nur die Objecte der Erfahrungswissenschaft, welche das Bestreben hat, alles Geschehen als notwendig zu begreifen, dasselbe als ein Gewebe strenger Causalzusammenhänge aufzufassen, und welche in einem System von Causalsätzen, als streng allgemeinen Urteilen über die Aufeinanderfolge von Veränderungen, sich vollenden will; nur die Objecte der Erfahrungswissenschaft sind in diesen notwendigen Zusammenhang gebracht, wo alles, was geschieht, an etwas anderes geknüpft ist, worauf es nach einer schlechthin allgemeinen Regel folgt; nur die Erfahrungswissenschaft als Gesetzeswissenschaft bedarf als notwendiger Bedingung des Causalprincips, als eines notwendigen und streng allgemeinen Satzes, weil unsere Causalsätze nur unter der Voraussetzung der ausnahmslosen Geltung des Causalprincips als streng allgemeine Urteile gelten können. Die Erfahrung im gewöhnlichen Sinne, die doch auch eine Erfahrung, eine Erkenntnis der Gegenstände ist — nur keine wissenschaftliche —, und nicht etwa bloss ein Spiel von Vorstellungen ohne objective Bedeutung: diese Erfahrung bedarf des umfassenden Grundsatzes der Causalität als notwendiger Bedingung nicht. U. z. entspricht selbst die wissenschaftliche Erfahrung dem Bild, welches Kant entwirft, nur als ideale Forderung, nicht als verwirklichte Thatsache. Denn die Auflösung des gesamten Geschehens in strenge Causalzusammenhänge, die Erfahrungswissenschaft als ein vollendetes System von Causalsätzen, ist wohl ein Ideal, das uns vorschwebt, aber keine Wirklichkeit, ein vorgestecktes Ziel, dem wir uns anzunähern streben und immer mehr annähern, das wir aber noch nicht erreicht haben und leider wohl niemals erreichen werden. Nicht alles Geschehen ist von uns als notwendig begriffen, nicht jede Veränderung auf eine gesetzlich wirkende Ursache zurückgeführt: auch die Erfahrungswissenschaft muss sich in vielen, ja in den meisten Fällen mit der Constatirung eines thatsächlichen Zusammenhanges zwischen succedirenden Veränderungen begnügen — man denke nur an die Biologie —, ohne den etwaigen causalen Zusammenhang derselben einzusehen. — Kant sagt:*) „Natur ist das Dasein der Dinge, sofern es nach allgemeinen Gesetzen bestimmt ist." Das räumen wir ein, aber nur unter einem bestimmten Vorbehalt. Nicht die Natur, wie sie in der sinnlichen Anschauung von uns erfahren wird — Kant sagt,**) dass Natur und mögliche Erfahrung ganz und gar einerlei sei —, sondern nur die Natur als Object der Naturwissenschaft, als eines vollendeten Systems, und die Natur, wie sie unabhängig vom erkennenden Bewusstsein an sich existirt, ist dieses nach allgemeinen Gesetzen bestimmte Dasein der Dinge. Kant hat die Natur, wie sie als Thatsache des Bewusstseins wahrgenommen wird, mit Merkmalen versehen, die ihr nur als einem Object der Naturwissenschaft und als einer an sich bestehenden Wesenheit zukommen, wie er andererseits die Erfahrung in einem Sinne gefasst hat, der nur für die Erfahrungswissenschaft Bedeutung hat.

Wie ist es nun zu erklären, dass Kant von der Erfahrung das behauptet hat, was nur von der Erfahrungswissenschaft gilt, dass er von der Natur ein Bild entworfen hat, welches dieselbe als Thatsache des Bewusstseins nicht zeigt? Cohen meint.***) Kant habe die Erfahrung nicht im gewöhnlichen Sinne verstanden, sondern im Sinne der Naturphilosophie Newtons: Erfahrung wäre ihm gleichbedeutend mit der mathematischen Physik gewesen. Allein soweit dürfen wir nicht gehen. Wohl ist es richtig, dass Kant vom Erfahrungsbegriff der exacten Naturwissenschaft bei seinen Untersuchungen ausgegangen ist; aber im Laufe dieser Untersuchungen hat er einen zweiten Begriff der Erfahrung, nämlich den gewöhnlichen, in seine Erkenntnistheorie eingeführt; Erfahrung nahm jetzt die Bedeutung des in der sinnlichen Anschauung gegebenen Weltbildes an, sie ward gleichgesetzt der allen vorstellenden Bewusstheiten gemeinsamen Sinnenwelt. Lehrt doch Kant ausdrücklich, dass ohne die reinen Verstandesbegriffe als Bedingungen die Erfahrung überhaupt unmöglich

---

*) a. a. O. § 14.
**) a. a. O. § 36.
***) Kants Theorie der Erfahrung 2. Aufl.

wäre; lehrt er doch, dass ohne den Begriff der Causalität die Erkenntnis einer objectiven Zeitfolge, die Erfahrung von einem Geschehen, schlechterdings unmöglich wäre. Nun, nicht alle Menschen treiben aber Erfahrungswissenschaft, und doch befinden sich alle im Besitz einer Erfahrung von etwas Objectivem. Sollte die Ansicht Cohens richtig sein, dann müsste Kant gelehrt haben, dass ausserhalb der exacten Naturwissenschaft es überhaupt keine Erfahrung, im Sinne einer Erkenntnis der Gegenstände, giebt, dass derjenige, der keine Erfahrungswissenschaft treibt, überhaupt nichts Objectives erfährt, sondern in einem Spiel seiner Vorstellungen befangen ist: eine Ansicht, die wir Kant unmöglich zuschreiben können. Man könnte meinen, Kant habe Erfahrung mit Erfahrungswissenschaft verwechselt, er habe unbedachtsamerweise jene für diese gesetzt. Allein dieser gedankenlosen Confusion dürfen wir einen so bedeutenden Denker, wie es Kant ist, nicht beschuldigen. Nein, die Sache verhält sich ganz anders. Wir behaupten, dass Kants Auffassung der Erfahrung im Sinne der Erfahrungswissenschaft eine Consequenz seines Apriorismus gewesen ist, dass Kant die Erfahrung in diesem Sinne gefasst hat, weil er sie so fassen musste, um seine erkenntnistheoretischen Principien durchzuführen. Kant sah die exacte Naturwissenschaft, wie sie Newton in seinem klassischen Werke in ein System gebracht hat, durch den skeptischen Angriff, den Hume gegen die Principien der Erfahrungswissenschaft, besonders gegen das Causalprincip, gerichtet hatte, gefährdet, zwar nicht mit Rücksicht auf ihren thatsächlichen Bestand, wohl aber mit Rücksicht auf ihr logisches Recht. Dieses Recht der exacten Naturforschung suchte nun Kant durch erkenntnistheoretische Begründung ihrer Principien nachzuweisen. Er erklärte dieselben für apodictische Erkenntnisse, beruhend auf apriorischen Verknüpfungsregeln des Denkens, den reinen Verstandesbegriffen. Um nun zu zeigen, wie diese reinen Begriffe empirische Bedeutung für die gesamte Erfahrung haben können, um nachzuweisen, dass die Thatsachen der Erfahrung sich ausnahmslos den apriorischen Verstandesregeln gemäss verknüpfen lassen, blieb ihm nichts anderes übrig, als diese Thatsachen der Erfahrung selbst unter die Herrschaft dieser Regeln zu stellen, zu zeigen, dass besagte Regeln nicht nur Bedingungen der Erfahrungswissenschaft, sondern auch Bedingungen der Erfahrung überhaupt sind. Die Frage, von der Kant ausgegangen ist, die Frage: wie ist reine Naturwissenschaft möglich? verwandelte sich im

Laufe seiner Untersuchungen in die andere Frage: wie ist Natur selbst möglich? Dadurch wurde die Natur zu einer blossen Erscheinungswelt, den Formen und Gesetzen des Bewusstseins unterworfen, sie wurde der Erfahrung gleichgesetzt, und diese Erfahrung mit Merkmalen ausgestattet, die ihr nur als einem Object, u. z. einem idealen Object der wissenschaftlichen Betrachtung zukommen. Dies scheint uns die Erklärung der Thatsache zu sein, dass Kant Erfahrung und Erfahrungswissenschaft einander gleichgesetzt hat. Es geschah dies — wie gezeigt — nicht aus unbedachtsamer Verwechselung, sondern war die notwendige Consequenz des Kantischen Gedankenganges, der, von bestimmten Voraussetzungen ausgehend, bei diesem Resultat anlangen musste.

Der Centralbegriff der Erkenntnistheorie Kants ist der Begriff der transscendentalen Einheit der Apperception oder des Bewusstseins überhaupt. Die transscendentale Apperception ist das „Radicalvermögen" unserer Erkenntnis, die Grundbedingung aller Erfahrung; sie ist die typischmenschliche Intelligenz, welche nach dem Schema der Kategorien, die ihr Wesen bilden, functionirt; sie ist das allem empirischen Bewusstsein zu Grunde liegende vor- und überempirische Bewusstsein, der Ort, wo sämtliche Erscheinungen dem System der Kategorien unterworfen, zur Einheit verknüpft und zu einer Welt gesetzlich geordneter Objecte umgewandelt werden, der Ort, wo die Natur, als das nach allgemeinen Gesetzen bestimmte Dasein der Dinge, in Form einer Erscheinungswelt, Existenz geniesst. Es ist nach allem, was wir oben ausgeführt haben, nicht schwer zu sagen, was diese transscendentale Apperception natürlicherweise bedeutet und bedeuten kann. Eine Grundbedingung der Erfahrung, ein Bewusstsein, in welchem wir eine Welt von Gegenständen thatsächlich erfassen, kann das Kantische „Bewusstsein überhaupt" nicht sein. Denn zwar ist unser Bewusstsein, in welchem wir Dinge wahrnehmen, eine Einheit, und darum sind sämtliche Objecte, die wir vorstellen, zur Einheit verbunden; aber diese Einheit entspricht nicht dem Bild, welches Kant von der transscendentalen Einheit der Apperception entwirft, wo sämtliche Objecte nach dem Coordinatensystem der Kategorien geordnet und in einen notwendigen Zusammenhang gebracht sind, wo jede Veränderung als der notwendige Erfolg einer gesetzlich wirkenden Ursache erkannt ist. Von dieser Art ist unser Bewusstsein nicht; die Einheit, zu welcher die Gegenstände unserer Erfahrungswelt verbunden sind, ist nicht die ideale Einheit eines notwendigen Zusammenhanges, sondern die Einheit eines thatsächlichen Miteinanderseins der Teile, welche dieselbe bilden. Kants „Bewusstsein überhaupt" ist das ideale Bewusstsein des vollendeten wissenschaftlichen Systems. Nur in diesem Bewusstsein, das bei weitem noch nicht Wirklichkeit ist, sondern als Ideal uns vorschwebt, wären sämtliche Erfahrungsobjecte in diesen notwendigen, gesetzlichen Zusammenhang gebracht und zur systematischen Einheit nach Gesetzen verbunden, nur in diesem Bewusstsein wären sämtliche Veränderungen dem Gesetze der Causalität unterworfen und dadurch als notwendig begriffen, nur in diesem Bewusstsein würde uns die Natur als das nach allgemeinen Gesetzen bestimmte Dasein der Dinge erscheinen, u. z. nicht in der concreten Form eines anschaulichen Bildes, sondern in der abstracten Form von Begriffen und streng allgemeinen Urteilen über das reale Sein und Geschehen, von Causalsätzen, in welchen die Notwendigkeit des Geschehens statuirt und erkannt wäre. Kant hat recht, wenn er die Einheit des Bewusstseins so energisch betont und in ihr das Radicalvermögen aller Erkenntnis sieht; denn ohne diese Einheit des Bewusstseins wäre selbst die Erfahrung im gewöhnlichen Sinne schlechterdings unmöglich, ohne diese Einheit gäbe es überhaupt gar keine Erkenntnis, ja ohne diese Einheit wäre die Eigentümlichkeit des psychischen Lebens selbst aufgehoben ; aber Kant hat unrecht, wenn er diese Einheit des Bewusstseins in einer Form fasst, welche ihr nur als dem idealen Bewusstsein der vollendeten Wissenschaft zukommen würde.

Zweierlei hat sich uns durch die bisherige Kritik der Kantischen Theorie der Causalität ergeben : einmal dies, dass das vorstellende Subject, um objective Successionen zu erkennen, seine Wahrnehmungen dem Gesetze der Causalität nicht zu unterwerfen braucht, dass also die Kategorie der Causalität keine Bedingung der Erfahrung im Sinne Kants ist ; das andere Mal dieses, dass die Consequenz, welche aus Kants Lehre folgt, mit den Thatsachen der Erfahrung nicht übereinstimmt. Allein mit diesem Ergebnis können wir unsere Kritik nicht abschliessen. Denn nunmehr erhebt sich die Frage, ob das, was Kant gelehrt hat, überhaupt möglich ist, ob die Unterordnung der Erscheinungen unter den Begriff der Causalität, in der Weise, wie Kant sich dieselbe gedacht hat, überhaupt ausführbar ist, und ob diese Unterordnung in der That das leisten würde, was sie nach Kants Ansicht leisten soll. Diese Frage soll im folgenden erörtert werden ; mir werden damit Kants transscendentalen Apriorismus in seiner tiefsten Wurzel berühren. Kant lehrt, dass in den Erscheinungen, als Producten der Sinnlichkeit und der die sinnlichen Elemente verknüpfenden Einbildungskraft, keine bestimmte Ordnung der Succession liege, dass vielmehr diese Ordnung erst durch die Function des Verstandes, welcher vermöge seiner apriorischen Regel der Causalität bestimmt, welche Erscheinung vorangehen und welche nachfolgen muss, in die Erscheinungen hineingelegt werde; der Verstand ordnet die Erscheinungen durch die Kategorie der Causalität in die objective Zeit ein, und bestimmt dadurch die objective Succession. Allein wie soll diese Unterordnung ausgeführt werden können? Mutet Kant dem Verstande nicht eine Aufgabe zu, welche dessen Leistungsfähigkeit übersteigt? Die Causalität als reiner Verstandesbegriff ist — wie Kant selbst sagt — eine inhaltsleere Formel: sie bedeutet nichts anderes, als ein Abhängigkeitsverhältnis; sie sagt nur ganz im allgemeinen aus, dass etwas von etwas anderem so abhängig ist, dass es darauf nach einer schlechthin allgemeinen Regel folgt; über die bestimmten Glieder aber, welche in diesem Abhängigkeitsverhältnis stehen sollen, sagt die Causalität in ihrer abstracten Allgemeinheit nichts aus. Diese Glieder werden uns in der sinnlichen Anschauung empirisch gegeben und liefern für die abstracte Form der Causalität den concreten Inhalt. Nun soll — wie Kant meint — in diesem Inhalt, diesen Gliedern, keine bestimmte Ordnung der Succession liegen, vielmehr erst durch die Causalität in dieselben hineingelegt werden. Allein dies scheint uns unmöglich zu sein. Wie soll eine Formel in ihrer abstracten Allgemeinheit irgend etwas über den concreten Einzelfall bestimmen können? Wie soll der Begriff der Causalität, der ja nur ganz im allgemeinen sagt, dass Erscheinungen in gesetzlichen Abhängigkeitsverhältnissen auf einander folgen sollen, irgend etwas darüber bestimmen können, wie im besonderen Falle diese Ordnung ihrer Succession sich gestalten soll? Liegt diese Ordnung nicht bereits in den Erscheinungen, dann kann sie auch nicht durch die Regel der Causalität ihnen allererst aufgeprägt werden; ist die Aufeinanderfolge der Erscheinungen an sich so völlig unbestimmt, dass ebensogut die eine wie die andere Erscheinung vorangehen resp. nachfolgen kann, so vermag auch der Verstand mit seiner abstracten Formel der Causalität nicht zu bestimmen, welche Erscheinung notwendig früher und welche notwen-

dig später gesetzt werden muss; und wenn er dieses
thäte, dann wäre es ein Act der reinsten Willkür, ein Act,
der keine Bürgschaft dafür leisten könnte, dass er im Wie-
derholungsfalle dieselbe Form annehmen, d. h. dieselben
Glieder in derselben Ordnung verknüpfen werde, so dass
von einer notwendigen und allgemeingiltigen Verknüpfung
der Erscheinungen nach dem Verhältnis ihrer Aufeinanderfolge, einer Verknüpfung, die für alle Successionsfälle bestimmter Erscheinungen Geltung besässe, keine Rede sein
könnte. Zwei Wahrnehmungen X und Y sollen nach dem
Verhältnis der Aufeinanderfolge verknüpft werden; es ist
aber — wie Kant meint — unbestimmt, welche Wahrnehmung in den früheren und welche in den späteren Zeitpunkt gesetzt werden muss, weil in den Wahrnehmungen
als solchen keine bestimmte Ordnung der Succession liegt.
Nun kommt der Verstand mit seinem Begriff der Causalität und normirt dieses Verhältnis so, dass er die Wahrnehmung X in den Zeitpunkt x, die Wahrnehmung Y in
den Zeitpunkt y setzt, und für schlechthin alle Successionsfälle bestimmt, dass X vorangehen, Y nachfolgen muss.
Allein da müssen wir fragen: Wie kommt es denn, dass
der Verstand den in Rede stehenden Wahrnehmungen gerade diese Ordnung der Succession bestimmt? Warum
fasst er X als Ursache, Y als Wirkung auf, und warum
setzt er X in den Zeitpunkt x, Y in den Zeitpunkt y, und
nicht umgekehrt? Was ist für den Verstand der bestim-
mende Grund, gerade diese und nicht die umgekehrte
Ordnung als die notwendige zu setzen? Könnte er doch
ebensogut die Ordnung Y—X wählen; denn der abstracten,
allgemeinen Form des Causalgesetzes ist vollkommen Genüge gethan, wenn die Erscheinungen überhaupt nach dem
Verhältnis von Ursache und Wirkung verknüpft sind;
welche concrete Gestalt diese Verknüpfung im besonderen
Falle annimmt, ob die Erscheinungen in der Ordnung
X—Y, oder in der Ordnung Y—X verknüpft werden, das
ist dem allgemeinen Causalgesetz, welches über den Einzelfall nichts bestimmt, vollkommen gleichgiltig: hier wie
dort haben wir einen causalen Zusammenhang, nur dass einmal die Wahrnehmung X, das andere Mal die Wahrnehmung Y die Ursache ist. Nun wählt der Verstand die
Ordnung X—Y. Allein wo ist der zureichende Grund, der
ihn zu dieser Wahl bestimmt? Wir sehen keinen. Es ist
ein Act reiner Willkür, wenn der Verstand die Wahrnehmung X als Ursache, die Wahrnehmung Y als Wirkung
fasst. Und wenn dies ein willkürlicher Act ist, wenn der

Verstand durch keinen bestimmenden Grund genötigt ist, die Wahrnehmungen gerade in den causalen Zusammenhang von der Form X—Y zu bringen: dann ist nicht einzusehen, warum er, sobald dieselben Wahrnehmungen sich wiederholen, auch diese Regel beachten müsse, vielleicht wird er jetzt die Wahrnehmungen in der Ordnung Y—X verknüpfen. Thäte er dieses, und nichts hindert ihn daran, dann würde der notwendige, gesetzliche Zusammenhang der Wahrnehmungen, ihre bestimmte Ordnung, welche für schlechthin alle Successionsfälle gelten soll, durchbrochen werden. Was also Kant durch seine Lehre von der Unterordnung der Erscheinungen unter das Gesetz der Causalität befestigen und gegen alle skeptischen Angriffe sicherstellen wollte, dass nämlich auf dem gesamten Gebiet der Erfahrung strenge Causalzusammenhänge sich finden müssen, dass jeder Fall eines bestimmten Zusammenhanges zwischen auf einander folgenden Veränderungen nicht ein für sich stehender Fall sein soll, der nur sich selbst verbürgte, sondern der Repräsentant eines allgemeinen Gesetzes, welches schlechthin alle Fälle dieser Aufeinanderfolge beherrscht: was Kant durch seine Lehre befestigen wollte, das hat er — bei Licht betrachtet — durch eben diese Lehre erschüttert.

Kant unterscheidet zwischen der Aufeinanderfolge von Wahrnehmungen, die nur subjectiv-giltig ist, nur eine Aufeinanderfolge in unserer Apprehension bedeutet, und derjenigen, welche objectiv-giltig ist, d. h. einen objectiven Vorgang, ein Geschehen, bedeutet. Subjectiv folgen die Wahrnehmungen auf einander, wenn ihre Succession dem Gesetze der Causalität nicht unterworfen ist, objectiv folgen sie auf einander, wenn ihre Succession diesem Gesetze unterworfen ist. Da ist es nun nicht einzusehen, warum das vorstellende Bewusstsein die einen Wahrnehmungen dem Gesetze der Causalität unterwirft, während es bei den anderen Wahrnehmungen diese Unterwerfung nicht vollzieht. Sind doch nach Kant sämtliche Wahrnehmungen einander gleich; weder in den einen noch in den anderen liegt auch nur die geringste Andeutung einer bestimmten Ordnung ihrer Succession; sie unterscheiden sich in dieser Beziehung gar nicht von einander; hier wie dort ist die Ordnung, in welcher dieselben succediren, völlig unbestimmt. Wie kommt dann aber der Verstand dazu, zwischen diesen unterschiedlosen Wahrnehmungen einen Unterschied zu machen, und den einen das Causalgesetz aufzuprägen, den anderen nicht? Was bestimmt ihn dazu? Es lässt sich kein Be-

stimmungsgrund dafür angeben. Der Verstand verfährt
wiederum rein willkürlich, wenn er dieses thut. Wenn es
sich so verhält, wie Kant meint, wenn in der Art, wie
unsere Wahrnehmungen succediren, gar kein Unterschied
vorhanden ist: dann scheint es uns, als müsste der Verstand
entweder jede Aufeinanderfolge von Wahrnehmungen
dem Causalgesetze unterwerfen oder gar keine, so dass
entweder alles, was in unserer Apprehension auf einander
folgt, einen objectiven Vorgang, ein Geschehen, bedeuten
müsste, oder nichts davon diese Bedeutung hätte, und wir
in einem blossen Spiel unserer Vorstellungen befangen
wären, ohne jemals einen Gegenstand erfassen zu können.
Nachdem Kant die Causalität als reinen Verstandesbegriff
festgestellt hatte, beschäftigte er sich mit der
Frage, wie wohl dieser Begriff als rein subjective Form
des Denkens objective Geltung besitzen könne, wie es
möglich sei, dass der Begriff der Causalität einen ihm
correspondirenden Gegenstand überall in der Erfahrung
findet und auf sämtliche Erscheinungen angewendet werden
kann; und er spricht die Besorgnis aus, dass „wohl
allenfalls Erscheinungen so beschaffen sein könnten, dass
der Verstand sie den Bedingungen seiner Einheit gar nicht
gemäss fände, und alles so in Verwirrung läge, dass z. B.
in der Reihenfolge der Erscheinungen sich nichts darböte,
was eine Regel der Synthesis an die Hand gäbe und also
dem Begriff der Ursache und Wirkung entspräche, so dass
dieser Begriff also ganz leer, nichtig und ohne Bedeutung
wäre": „denn" — meint Kant — „ohne Functionen des
Verstandes können allerdings Gegenstände in der Anschauung
gegeben werden . . . es können uns allerdings Gegenstände
erscheinen, ohne dass sie sich nothwendig auf
Functionen des Verstandes beziehen müssen . . . . Erscheinungen
würden nichts desto weniger unserer Anschauung
Gegenstände darbieten, denn die Anschauung bedarf
der Functionen des Denkens auf keine Weise".*) Da
stehen wir nun vor einem Rätsel. Erscheinungen als Gegenstände
der Anschauung sind vom Denken unabhängig,
sie gestalten sich auf eigene, von den Functionen des
Verstandes unabhängige Weise; und nun sollen sie diesen
Functionen, den Regeln des Verstandes, unterworfen und
dadurch zu Gegenständen der Erfahrung gemacht werden!
Wie ist das möglich? Wie kann der Verstand eigenmächtig
über einen Inhalt verfügen, der unabhängig von ihm

---

*) Kritik der reinen Vernunft S. 107 fg.

zu stande gekommen ist? Wie geht es zu, dass die Anschauung dem Denken das entsprechende Material jederzeit liefert, an welchem dieses seine Functionen bethätigt? In der Anschauung folgen die Erscheinungen auf einander; es sind bestimmte Erscheinungen A und B; diese Aufeinanderfolge bedeutet aber nach Kant noch keinen objectiven Vorgang, sondern nur ein Nacheinander in unserer Apprehension, die Anschauung ist noch „blind", sie ist noch kein Gegenstand der Erfahrung. Nun kommt der Verstand mit seinem apriorischen Gesetz der Causalität und bestimmt, dass die Erscheinung A für alle Fälle der Succession notwendig vorangehen, die Erscheinung B notwendig nachfolgen muss; er bringt die beiden Erscheinungen in einen gesetzlichen, causalen Zusammenhang und wandelt die blosse Anschauung in ein Erfahrungsobject, in ein Geschehen, um. Allein wir gestehen, dass uns diese Function des Verstandes als eine unausführbare Leistung erscheint. Ist doch nach Kants eigener Ansicht die Anschauung vom Denken unabhängig; ist doch der Verstand bei seiner verknüpfenden Thätigkeit auf einen anschaulichen Inhalt angewiesen, den er nicht schafft, sondern als gegeben vorfindet. Wie kommt es dann aber, dass die Anschauung sich so gefällig erweist, dem Denken ausnahmslos denselben Inhalt in derselben Form vorzuführen? Wie geht es zu, dass in allen Wahrnehmungsfällen dieselben Erscheinungen sich finden? Wie geht es zu, dass diese Erscheinungen stets in derselben Reihenfolge wiederkehren? Das wissen wir nicht, es ist dies eine Thatsache der Erfahrung, eine Thatsache, welche das Denken vorfindet und dankbar anerkennen muss, weil nur auf diese Weise seine synthetische Function ausführbar ist, und der causale Zusammenhang, den es zwischen den Erscheinungen gestiftet hat, die Bedeutung eines gesetzlichen, in allen Fällen sich constant wiederholenden Zusammenhanges besitzt und besitzen kann. Würde dagegen die Anschauung ihren Modus wechseln, würde sie anstatt der Erscheinungen A B die Erscheinungen A C dem Denken vorführen, oder statt der Reihenfolge A—B die Reihenfolge B—A: dann würde der gesetzliche Zusammenhang, den das Denken zwischen den Erscheinungen einmal begründet hat, durchbrochen werden, und es würde das eintreten, was Kant besorgt hatte, dann würde alles so in Verwirrung liegen, dass in der Reihenfolge der Erscheinungen sich nichts darböte, was eine Regel der Synthesis an die Hand gäbe und also dem Begriff der Ursache und Wirkung entspräche, dann wäre dieser Begriff in der That ganz leer, nichtig und ohne Bedeutung. Würde z. B. einmal durch das Auffallen der Sonnenstrahlen der Stein sich nicht erwärmen, sondern kalt bleiben, dann hätte das Urteil: die Sonne erwärmt den Stein, als streng allgemeines Urteil, keine Bedeutung mehr, und die einmalige Unterordnung dieser Erscheinungen unter das Gesetz der Causalität könnte, falls die Anschauung andere Wahrnehmungen vorführte, für die zukünftigen und noch nicht erfahrenen Fälle schlechterdings keine Geltung besitzen. Die Verknüpfung der Erscheinungen nach dem Gesetz der Causalität kann also - streng genommen — nur für einen Fall, den gegenwärtig vorliegenden gelten; sämtliche Fälle kann sie nur dann umfassen, wenn in der Anschauung, worauf das Denken angewiesen ist und woraus es den Inhalt für seine Formen schöpft, dasselbe Material constant wiederkehrt. Würde dies nicht der Fall sein, würde die Anschauung im bunten Durcheinander bald diese bald andere Erscheinungen vorführen, dann könnte das Denken seinen Begriff der Causalität auf die Erscheinungen gar nicht appliciren, und dann wäre dieser Begriff in der That ganz leer, nichtig und ohne Bedeutung. „Die Anschauung bedarf der Functionen des Denkens auf keine Weise . . . ohne Functionen des Verstandes können allerdings Erscheinungen in der Anschauung gegeben werden": dieser vollkommen richtige Satz macht die Durchführung des transscendentalen Apriorismus Kants unmöglich. Hier Anschauungen, dort reine Vertandesbegriffe; jene von diesen unabhängig, und doch wiederum so abhängig, dass sie erst durch Aufprägung dieser zu Erfahrungsobjecten gestempelt werden: das begreife wer kann!

Die Sache wird aber noch unbegreiflicher, wenn wir bedenken, dass ja die Anschauungen nicht spontane Selbsterzeugnisse des vorstellenden Bewusstseins sind, sondern auf Grund einer Affection unserer Sinnlichkeit durch die Dinge an sich im Bewusstsein entstehen. Wären die Anschauungen selbsteigene Producte des Bewusstseins, wie das Nicht-Ich bei Fichte, würde das Bewusstsein sowohl die Materie als auch die Form der Erscheinungen völlig aus sich produciren: dann könnte man es allenfalls begreiflich finden, dass ein solches schlechthin schöpferische Bewusstsein die Erscheinungen den Formen des Denkens gemäss präparirte, wenn auch das „Wie" dieser schöpferischen Erzeugung vollkommen unerklärlich bliebe. Aber so soll es ja nach Kants Lehre nicht sein. Die Materie der Erscheinungen ist vielmehr ein empirisches Datum;

unsere Empfindungen sind nicht spontane Erzeugnisse des Bewusstseins, sondern psychische Producte, entstanden durch das Zusammenwirken unserer Sinnlichkeit und der dieselben afficirenden Dinge. Auf diese Materie kommt es aber eben an; denn wenn in einem bestimmten Falle vom causalen Zusammenhang die Rede ist, so handelt es sich nicht bloss um die abstracte Form der Gesetzmässigkeit, sondern auch um den concreten Inhalt dieser Form, um die bestimmten Glieder, welche in diesem gesetzlichen causalen Zusammenhang stehen. Diese Glieder gehören aber ihrer bestimmten Qualität nach zur Materie der Erscheinungen, sie sind Gegenstand der Empfindung, und als solcher abhängig von der Art der Einwirkung der Dinge auf unser Bewusstsein. Wie nun, wenn die Dinge nicht constant in derselben Weise, sondern bald so bald anders unsere Sinne afficirten, wenn sie uns beispielsweise so afficirten, dass wir nach dem Auffallen der Sonnenstrahlen den Stein bald als warm, bald als kalt empfänden: was würde uns dann unsere apriorische Regel der Causalität helfen, was könnten wir mit ihr anfangen? Nichts, rein gar nichts! Sie fände keine Anwendung auf die Erscheinungen, wir könnten mit ihr die Erscheinungen nicht in notwendiger Weise verknüpfen, weil dieselben nicht verknüpfbar wären, und das Gesetz, welches wir statuiren würden, das Gesetz, dass eine Veränderung auf eine ihr vorangehende Veränderung nach einer schlechthin allgemeinen Regel folgen müsse, würde nichts als eine Anmassung unseres Denkens sein, insofern die folgende Erfahrung, wenn sie unserer Sinnlichkeit ein anderes Material vorführte, unser Gesetz jeden Augenblick ungiltig machen könnte. Wir sehen also, dass die Causalität als reiner Verstandesbegriff nur unter der Bedingung empirische Geltung besitzen kann, wenn die Anschauung, die ihr den concreten Inhalt liefert, kein ungeordnetes Chaos, sondern ein geordneter Kosmos ist, wenn sie nicht im bunten, regellosen Durcheinander, sondern in einer constant wiederkehrenden Ordnung ihre Inhalte wechselt; und weil diese Inhalte in der absolut-realen Welt der Dinge an sich ihren Grund haben, so ist die objective Giltigkeit der Causalität in letzter Linie bedingt durch die constante Ordnung dieser transscendenten Welt, über die unser Verstand keine Macht besitzt. Kant glaubte die objective Giltigkeit des Begriffs der Causalität dadurch sichergestellt zu haben, dass er ihre Anwendung auf Erscheinungen als Modificationen des „Gemüts" einschränkte. Allein diese Erscheinungen sind nicht blosse Modificationen des „Gemüts", nicht reine Selbsterzeugnisse des Bewusstseins, sondern psychische Producte, deren bestimmte Beschaffenheit nicht restlos aus der Natur unserer Sinnlichkeit sich ableiten lässt, sondern auf einen transscendenten Factor hinweisst, von welchem der Inhalt unserer Erkenntnis abhängig ist; und da bleibt es nach wie vor unbegreiflich, wie der Verstand durch seine apriorischen Regeln einem Inhalt, den er nicht macht, sondern vorfindet, einem Inhalt, der nicht bloss einen immanenten, sondern auch einen transscendenten Grund hat, eigenmächtig Gesetze vorschreiben soll.

Kant mag wohl selbst empfunden haben, dass diese autonome Unterordnung der Erscheinungen unter die Begriffe des reinen Verstandes eine unausführbare Handlung des vorstellenden Subjects bedeutet; er mag sich wohl dessen bewusst gewesen sein, dass einem völlig indifferenten, gegen die Gesetzgebung seitens des Verstandes vollkommen gleichgiltigen Stoff sich im besonderen Falle keine bestimmte Ordnung octroyiren lässt, dass der Verstand mit den Anschauungen, die unabhängig von den Denkfunctionen sich bilden, nicht eigenmächtig schalten und walten kann, dass vielmehr in den Erscheinungen schon eine bestimmte Ordnung liegen muss, wenn dem Verstande Gelegenheit geboten werden soll, seine reinen Begriffe auf dieselben anzuwenden. In dem Abschnitt über den Schematismus der reinen Verstandesbegriffe erörtert Kant die Frage, wie die Anwendung der Kategorien auf die Erscheinungen möglich sei; und er kommt zu dem Resultat, dass die Kategorien als intellectuale Formen durch ein Sinnbild, „ein Monogramm der reinen Einbildungskraft a priori", sensificirt werden müssen, um überhaupt auf die Erscheinungen als sinnlichen Producte angewendet werden zu können. Dieses allgemeine Sinnbild nennt Kant das transscendentale Schema, und ein solches Schema der Kategorie der Causalität ist ihm „die Succession des Mannigfaltigen, insofern sie einer Regel unterworfen ist".*) Hier hat Kant vollkommen richtig gesehen; nur dass er — wie dies bei ihm stets der Fall ist — in allgemeinen Betrachtungen stecken geblieben ist, nur das Allgemeine ins Auge gefasst hat, ohne auf die besonderen Fälle Rücksicht zu nehmen. Kant hat richtig gesehen, dass die Causalität als reiner Verstandesbegriff nur dann auf Erscheinungen

---

*) a. a. O. S. 147.

angewendet werden kann, wenn die Succession derselben bereits einer Regel unterworfen ist. Aber er hat seine Lehre nur in allgemeinen Umrissen entwickelt; ihn beschäftigte nur die Frage, wie die Kategorien auf Erscheinungen überhaupt anwendbar seien; ihm war darum das transscendentale Schema kein eigentliches Bild in concreter Gestalt, sondern nur „ein allgemeines Verfahren der Einbildungskraft, einem Begriff sein Bild zu verschaffen", „die reine Synthesis gemäss einer Regel der Einheit nach Begriffen überhaupt".*) Kant blieb bei dem Allgemeinen stehen und glaubte damit die Sache erledigt zu haben. Allein nicht darauf kommt es an, wie die Kategorien auf Erscheinungen im allgemeinen anwendbar sind, sondern auf ihre Anwendung auf bestimmte Erscheinungen im besonderen Falle. Hätte Kant dieses berücksichtigt, dann würde er gefunden haben, dass das allgemeine, in keine concrete Gestalt zu fassende Schema sich zu einem besonderen, concreten Bild gestalten muss, dass mit einem allgemeinen Verfahren der Einbildungskraft, einem Begriff sein Bild zu verschaffen, der Anwendung dieses Begriffs auf Erscheinungen noch gar kein Dienst geleistet wird, dass vielmehr die Succession der Erscheinungen im besonderen Falle einer bestimmten Regel unterworfen sein muss, wenn dem Verstande Gelegenheit geboten werden soll, den Begriff der Causalität auf dieselben anzuwenden. Hätte Kant dieses berücksichtigt, dann würde er in seinem transscendentalen Beweise nicht darzulegen gesucht haben, dass in der Succession der Erscheinungen noch keine bestimmte Ordnung liege, sondern erst durch den Begriff der Causalität in dieselben hineingelegt werde; dann würde er aber auch über seinen transscendentalen Apriorismus hinausgeführt worden sein; und dies sollte nicht geschehen. Es sollte vielmehr gezeigt werden, dass der Verstand vermöge seiner Begriffe der Natur als Erscheinungswelt Gesetze vorschreibt, dass Erscheinungen ausnahmslos den Regeln des Denkens gemäss ausfallen müssen: und dieser Zweck konnte nur erreicht werden durch den Nachweis, dass der Verstand ein unumschränktes Verfügungsrecht über die Erscheinungen besitze, dass er ihnen erst die Ordnung bestimme, dass er ihnen erst die Regel für ihre Succession vorschreibe: ein Nachweis, der freilich nicht gelungen ist. Kant steuert einem Ziele zu, das er sich vorgesetzt hat und mit allen Mitteln erreichen will, er verfolgt seinen

---

*) a. a. O. S. 144 bezw. 145.

Gedankengang mit unerbittlicher Consequenz, mit jener rücksichtslosen Zähigkeit, die seinem Denken eigen ist, er verfolgt ihn, sollte auch alles biegen und brechen. Es fehlt ihm nicht an der richtigen Einsicht in die Schwierigkeiten, welche seiner Erkenntnistheorie im Wege stehen; aber er glaubt dieselben durch Betrachtungen, die sich in Allgemeinheiten bewegen, beseitigen zu können, er berücksichtigt nicht die concreten Ausgestaltungen seiner allgemeinen Principien, er prüft nicht, ob das, was er im allgemeinen entwickelt hat, auch im besonderen sich bewährt, er sieht nicht, dass die concreten Einzelfälle es gerade sind, welche die Durchführung seiner Theorie scheitern machen.

Kant unterscheidet zwischen constitutiven und regulativen Principien,*) und er zählt den Grundsatz der Causalität den letzteren bei. Danach müsste die Causalität nicht die Bedeutung einer Regel besitzen, wodurch wir zwischen den Erscheinungen causale Zusammenhänge allererst begründeten und die Aufeinanderfolge der Wahrnehmungen zu einer objectiven Succession gestalteten, sondern nur einer Regel, welche uns zum Leitfaden diente, solche Zusammenhänge in der Erfahrung zu suchen; sie würde die Erfahrung, der Form der Gesetzlichkeit nach, nicht erzeugen, nicht constituiren, wie die mathematischen Kategorien dieselbe, der Form der Anschauung nach, a priori erzeugen, sondern sie würde nur unser Suchen nach gesetzlichen causalen Zusammenhängen zwischen den Erfahrungsthatsachen reguliren. Allein wenn wir uns Kants transscendentalen Beweis ansehen, so finden wir, dass der Grundsatz der Causalität kein blosses regulatives Princip ist, sondern die Bedeutung eines constitutiven Princips zu haben beansprucht. Er ist regulativ für das empirische, reflectirende Bewusstsein, welches in der bereits fertigen Erfahrung nach Gesetzen sucht; aber er ist constitutiv für das transscendentale, objectivirende Bewusstsein, das Bewusstsein überhaupt, welches vermöge der Kategorie der Causalität der Natur die Gesetze vorschreibt. Wir machen ja nach Kants Argumentation mit unserem Gesetz der Causalität die Erfahrung, wir ordnen ja die Erscheinungen unter dieses Gesetz und verleihen der Aufeinanderfolge derselben erst den Charakter der objectiven Succession, wir erzeugen durch diese Regel zwar nicht das „Was" des gesetzlichen Zusammenhanges — denn dieses ist nach Kant

---

*) a. a. O. S. 172 fg. — auch S. 157.

ein empirisches Datum —, wohl aber das „Dass" desselben, wir machen, dass die Natur nicht ein Chaos wirrer Bilder darstellt, sondern einen Kosmos gesetzlich geordneter Objecte, wir machen, dass die Veränderungen nicht im bunten Durcheinander geschehen, sondern in einer festen Gesetzen unterworfenen Weise. Kant hat also den Grundsatz der Causalität aus einem regulativen Princip, wofür er ihn ursprünglich gehalten hat, in ein constitutives Princip umgewandelt. Und diese Metamorphose war notwendig. Denn sollte es begreiflich gemacht werden, dass auf dem gesamten Gebiete der Erfahrung strenge Gesetzlichkeit in der Aufeinanderfolge von Veränderungen herrschen muss, dass überall gesetzliche causale Zusammenhänge sich finden müssen: dann war der Grundsatz der Causalität als regulatives Princip für diesen Nachweis offenbar unzureichend, weil er als solcher diese geforderte Gesetzlichkeit als thatsächlich vorhanden und notwendig bestehend niemals verbürgen könnte; er musste zu einem constitutiven Princip gemacht werden, er musste die Rolle eines Schöpfers der Erfahrung, eines Gesetzgebers der Natur übernehmen, er musste die Erscheinungen „buchstabiren", um sie „als Erfahrung lesen" zu können.*) Allein es ist nach den Ergebnissen unserer Kritik ebenso klar, dass der Grundsatz der Causalität als constitutives Princip nicht gelten, sondern nur die Bedeutung eines regulativen Princips haben kann. Denn über den Zusammenhang der Erscheinungen in concreten Einzelfällen kann die Regel der Causalität in ihrer formalen, abstracten Allgemeinheit nichts bestimmen, sie kann dem anschaulichen Inhalt, der unabhängig von ihrer Function entstanden ist, entstanden durch das Mitwirken des transscendenten Factors, nicht spontan ihr Gesetz aufprägen, sie kann nicht bewirken, dass Veränderungen in einer gesetzlichen Ordnung geschehen; sie muss vielmehr abwarten, bis die Anschauung ihr einen entsprechenden Inhalt liefert, und kann erst dann in Function treten, wenn dieser Inhalt, nämlich eine regelmässige Succession der Erscheinungen, in der Anschauung sich findet. Sie dient uns nur zum Regulativ für unser Forschen nach causalen Zusammenhängen in den Thatsachen der Erfahrung, als Leitfaden, nach dem wir zu gegebenen Veränderungen die Ursachen suchen; sie dient uns aber nicht dazu, um diese Zusammenhänge zu schaffen und

---

*) vrgl darüber: Laas, Kants Analogien der Erfahrung S. 21 ff.

der Natur den gesetzlichen Gang der Ereignisse a priori zu bestimmen. Der Grundsatz der Causalität ist also nur ein regulatives Princip. Als regulatives Princip aber kann er nicht verbürgen, dass auf dem gesamten Gebiet der Erfahrung Veränderungen in gesetzlicher Ordnung geschehen müssen; er kann darum auch nicht die apodictische Gewissheit für sich in Anspruch nehmen, welche Kant ihm vindicirt hat. Kant sagt ja selbst,*) dass die regulativen Principien „nur unter der „Bedingung des empirischen Denkens in einer Erfahrung objective Giltigkeit besitzen ; das heisst doch aber — wie es uns scheint -- nichts anderes, als dieses, dass in der Erfahrung ein entsprechender Inhalt sich finden muss, wenn diese Principien objective Bedeutung haben sollen. Wie konnte aber dann Kant behaupten,**) dass die regulativen Principien „auch den Charakter einer Notwendigkeit a priori bei sich führen," ebenso wie die mathematischen Principien, die constitutiv sind ? Kant hat sehr richtig gesehen, dass ein wesentlicher Unterschied besteht zwischen den mathematischen Grundsätzen, die constitutiv sind, und den dynamischen Grundsätzen, die bloss regulativ sind, er hat richtig gesehen, dass die Verhältnisse des Daseins der Erscheinungen sich nicht a priori bestimmen lassen, sondern a posteriori gefunden werden müssen ; aber er hat diesen Unterschied wieder verwischt und aufgegeben, er hat die Causalität thatsächlich zum constitutiven Princip machen wollen, was ihm jedoch nicht gelungen ist. Er musste dies aber thun, weil er sonst seinen transscendentalen Apriorismus nicht hätte durchführen können.

Der Zweck, den Kant mit seiner neuen Theorie der Causalität verfolgte, war die Widerlegung der Zweifel, welche Hume gegen die Giltigkeit dieses Begriffs erhoben hatte. Hume konnte nicht einsehen, mit welchem Recht wir uns des Causalprincips als eines ausnahmslos giltigen Grundsatzes bedienen, mit welchem Recht wir denselben als Mittel verwenden, um über die thatsächliche Erfahrung hinauszugehen und Schlüsse auf die noch nicht erfahrenen Thatsachen zu ziehen. Dieses Recht wollte Kant nachweisen; er wollte zeigen, dass das Causalprincip ausnahmslose Geltung für das gesamte Gebiet der Erfahrung besitze, dass alle Veränderungen nach dem Gesetz der Causalität geschehen und desshalb geschehen müssen, weil

---
*) a. a. O. S. 157.
**) ebendas.

unser Verstand durch seine apriorische Regel der Causalität jede Aufeinanderfolge von Veränderungen dieser Regel unterwirft und der Natur die gesetzliche Ordnung der Ereignisse vorschreibt. Allein dieser Nachweis ist Kant nicht gelungen; er hat nicht zu zeigen vermocht, dass die Erfahrung sich ausnahmslos dem Gesetz der Causalität entsprechend gestalten müsse; es ist ihm nicht gelungen, begreiflich zu machen, wie der Verstand die Rolle eines Gesetzgebers der Natur spielen könne; durch die Kritik seiner Lehre hat sich uns vielmehr ergeben, dass die Erfahrung unabhängig von den Functionen des Verstandes sich gestaltet, dass unabhängig vom Gesetz der Causalität die Ereignisse sich ordnen, und dass wir daher keine genügende Sicherheit darüber gewinnen können, dass uns die Ereignisse stets eine solche Ordnung zeigen werden, welche die Anwendung des Causalgesetzes auf dieselben gestattet. Und so ruft uns denn Hume zu: „Entstünde ein Verdacht, dass der Lauf der Natur sich ändern könne, und dass das Vergangene keine Regel für das Kommende sein werde, so würde alle Erfahrung nutzlos und diente zu keiner Folgerung oder Ableitung*." Und wir können darauf nichts erwidern, wir können die Besorgnis Humes nicht zum Schweigen bringen, uns quält vielmehr dieselbe Sorge; denn der Verdacht, von dem Hume spricht, entsteht und besteht in der That.

Kant schränkt den Gebrauch der Causalität auf die immanente Sphäre der Erscheinungen ein und verwehrt ihre Anwendung auf die transscendente Sphäre der Dinge an sich. Allein schon die frühesten Kritiker Kants haben erkannt, dass dieser Punkt eine Achillesferse der Kantischen Erkenntnistheorie, einen Widerspruch in seiner Lehre, bedeutet. Redet doch Kant davon, dass die Dinge unsere Sinne afficiren, und dass auf Grund dieser Affection unsere Sinnlichkeit Empfindungen entwickelt. Dinge afficiren unsere Sinne bedeutet aber nichts anderes, als dieses, dass Dinge auf unsere Sinne einwirken und Empfindungen bewirken. Es besteht also zwischen unserem Bewusstsein und der Welt ausserhalb des Bewusstseins ein causales Verhältnis; die Empfindungen sind Wirkungen, die Dinge an sich Ursachen derselben. Damit ist aber die Causalität ins transscendente Gebiet eingeführt, entgegen der anderen Lehre Kants, dass die Causalität nur auf Erscheinungen angewendet werden kann. Beide Lehren können nicht neben einander

---

*) Untersuchung über den menschlichen Verstand, übers, von Kirchmann, S. 40.

bestehen; denn sie widersprechen einander und heben sich gegenseitig auf. Entweder gilt die Kantische Lehre von der Affection unserer Sinne durch die Dinge an sich, dann hat die Causalität transscendente Bedeutung; oder es gilt die Lehre, dass die Causalität nur auf Erscheinungen anwendbar sei, dann kann von einer Affection unserer Sinnlichkeit durch Dinge an sich keine Rede sein, und die Empfindungen sind vollkommen unerklärte Thatsachen des Bewusstseins, weil wir nicht wissen, auf welchem Wege wir zu ihnen gelangen. Dann brauchen wir auch — wenigstens für die Zwecke der Erkenntnistheorie — keine Dinge an sich, keine absolut-reale Wirklichkeit, anzunehmen; wir bleiben bei unserem Bewusstsein mit dessen Inhalten als letzten Thatsachen stehen, ohne eine Erklärung darüber geben zu können, wie wir zur Wahrnehmung dieser bunten, mannigfaltigen Welt gelangen.

Kant hat bei seiner Definition des Begriffs der Causalität mit feinem Verständnis das Merkmal des Wirkens in denselben aufgenommen; er lehrte ausdrücklich, dass die Wirkung nicht bloss zu der Ursache hinzukomme, sondern durch dieselbe gesetzt sei und aus ihr erfolge; dies nannte er die „Dignität", welche der causalen Verknüpfung anhängt. Allein Kant ist dieser Begriffsbestimmung nicht treu geblieben. In seinem transscendentalen Beweise hat er dieselbe wieder aufgegeben; hier fasst er das causale Verhältnis als ein Verhältnis der regelmässigen Succession auf, wie es bereits Hume gethan hat; hier ist die Causalität nichts anderes, als ein Ordnungsprincip des Nacheinander der Wahrnehmungen; von der so nachdrücklich betonten „Dignität" ist keine Spur mehr vorhanden. Denn wenn wir das Beispiel, wodurch Kant seine Demonstration illustrirt hat, betrachten, so finden wir, dass hier von Causalität im wahren Sinne des Wortes keine Rede ist. Denn wer nennt das Vorhandensein des Schiffes im Punkte A der Stromlinie die Ursache des Vorhandenseins desselben im Punkte B der Stromlinie? Jeder wird — glauben wir — antworten, dass kein Mensch es so meint. Jeder wird sagen, dass dies eine regelmässige Succession sei, aber kein causales Verhältnis, eine regelmässige Succession, welche ihren Grund hat im Wesen des Raumes und der Zeit. Das Schiff bewegt sich in einer bestimmten Richtung. Bewegung ist eine continuirliche Veränderung der Lage im Raume in einer Zeit. Der Seinsgrund im Raume, dessen sämtliche Teile wechselseitig von einander abhängig sind, und der Seinsgrund in der Zeit, in welcher jeder folgende Augenblick vom vorhergehenden abhängig ist und also nur eintritt, wenn dieser bereits vergangen ist, bringen in ihrer Combination mit sich, dass ein Gegenstand, der eine bestimmte Bewegungsrichtung eingeschlagen hat, ehe er an den Punkt Z gelangt, zuvor alle vorhergehenden Punkte durchlaufen haben muss; ein causales Verhältnis aber liegt in dieser regelmässigen Succession nicht vor, von einem Wirken des Vorhergehenden auf das Nachfolgende kann hier keine Rede sein. Und so ist es in vielen anderen Fällen. Gar vieles folgt in Wirklichkeit regelmässig auf einander, ohne doch zugleich aus einander zu erfolgen. Causalität fällt darum mit der regelmässigen Succession nicht zusammen; sie ist eine besondere, für sich bestehende Relation, die sich mit dem Verhältnis der regelmässigen Succession in vielen Fällen verbindet, keineswegs aber auf dasselbe reducirt werden kann. Indess wenn wir bedenken, dass Kant auf dem idealistischen Standpunkt der Bewusstseinsimmanenz steht, dass nach ihm unsere Erkenntnis mit nichts anderem es zu thun hat, als mit Erscheinungen qua Bewusstseinsinhalten, dass nach seiner Lehre sämtliche Prädicate, sämtliche Kategorien, die wir von der Wirklichkeit aussagen, nur für die Erscheinungswelt, aber nicht für die absolut-reale Welt der Dinge an sich gelten, dass diese Kategorien nur Formen unseres Denkens sind, also nur etwas Ideales, nicht etwas Reales bedeuten : dann werden wir es begreiflich finden, dass Kant einen Begriff, der nur auf dem realistischen Standpunkt Daseinsrecht hat, aufgegeben und in eine dem idealistischen Standpunkt allein entsprechende Fassung gebracht hat. Denn vom Wirken im eigentlichen Sinne kann doch nur da die Rede sein, wo wirkliche kraftbegabte Dinge existiren, die auf einander einwirken. Auf dem Standpunkt des Phänomenalismus, wo die Causalität nur für Erscheinungen gelten soll, da kann man vom Wirken nicht reden; denn es hätte keinen Sinn, zu sagen, dass eine Erscheinung, qua Bewusstseinsbild, auf eine andere Erscheinung, die auch nur ein Bewusstseinsbild ist, einwirke. Auf dem Standpunkt des Kantischen Phänomenalismus hat die Causalität in der Bedeutung des Wirkens kein Daseinsrecht; sie kann hier nur als Ordnungsprincip, als Arrangement der succedirenden Wahrnehmungen, gelten ; und diese Rolle spielt sie auch in der Kantischen Erkenntnistheorie, in Uebereinstimmung mit seinem Idealismus, wenn auch in Nichtübereinstimmung mit der ursprünglichen Fassung, die Kant ihr gegeben hat. — Kant sagt: die Causalität führt auf den Begriff der Handlung, diese auf den Begriff der Kraft und dadurch auf den Begriff der Substanz. Allein so richtig dieser Satz ist, so völlig unverständlich ist er auf dem Standpunkt des Kantischen Phänomenalismus. Kant kennt ja keine andere Substanz, als die phänomenale. Substanz ist ja nach seiner Lehre nur eine Kategorie des Verstandes, vermöge welcher wir die Erscheinungen so verknüpfen, dass sie uns als etwas im Wechsel Beharrendes erscheinen; Kant sagt,*) dass die inneren Bestimmungen einer „substantia phänomenon" im Raume nichts als Verhältnisse sind, und sie selbst ganz und gar ein Inbegriff von lauter Relationen; von Kräften als realen Potenzen ist bei ihm und kann auch keine Rede sein. Kraft und Handlung wandeln sich, entsprechend der Auffassung der Substanz, in blosse Gedanken um, sie sind ebenso wie die Substanz rein ideale Gebilde, die nicht in rerum natura, sondern nur als unsere Vorstellungen Wirklichkeit haben. Damit verlieren sie freilich allen Sinn; denn was eine Kraft sein soll, die nicht wirklich ist und sich nicht wirklich bethätigt, was eine Handlung bedeuten soll, wo niemand handelt: das ist völlig unverständlich. Uns scheinen diese Bezeichnungen allen gesunden Sinn zu verlieren, wenn sie nichts Reales, sondern nur unsere Vorstellungen sein sollen. — Unser Ergebnis ist also dieses: Wenn Kant seine ursprüngliche Fassung des Begriffs der Causalität aufgegeben und die Causalität nur als Ordnungsprincip der succedirenden Wahrnehmungen verwendet hat, so war dies eine Consequenz seines idealistischen Standpunktes; er hätte dann aber aus diesem Begriff alle die Bestimmungen entfernen sollen, die auf einen realistischen Standpunkt hindeuten und nur auf diesem ihr Daseinsrecht haben; er hätte die Causalität rundweg als das Verhältnis regelmässiger Succession fassen und definiren sollen. Denn derjenige, welcher auf dem Standpunkt der Bewusstseinsimmanenz steht, darf von causalen Zusammenhängen im eigentlichen Sinne nicht reden, weil Causalität, als Wirken gefasst, über die subjective Sphäre des Bewusstseins ins transscendente Gebiet führt; für den Idealisten muss sich das Weltgeschehen in ein Panorama von Bildern umwandeln, die — man weiss nicht warum — im günstigsten Falle regelmässig succediren, aber sonst von einander vollkommen unabhängig sind.

Der Grundsatz der Causalität soll nach Kant eine

---

*) a. a. O. S. 242.

apodictische Erkenntnis, d. h. ein notwendiges und streng
allgemeines Urteil sein; er besitzt axiomatischen Charakter.
Zwar nennt Kant das Causalprincip nicht ein Axiom, sondern eine Analogie, und will die erstere Bezeichnung nur
für eine Klasse der mathematischen Grundsätze verwenden
— er redet von Axiomen der Anschauung —; aber thatsächlich sind alle Grundsätze, die er anführt, ihrem erkenntnistheoretischen Wert nach, Axiome, d. h. notwendige Erkenntnisse; denn Kant lehrt*) ausdrücklich, dass die Analogien der Erfahrung sich von den mathematischen Grundsätzen nicht in der G e w i s s h e i t, welche in beiden
a priori feststeht, sondern nur in der Art der Evidenz
unterscheiden. Der Grundsatz der Causalität soll also ein
Axiom sein, ein notwendiger Satz, dessen Gewissheit a
priori feststeht. Ist er dies nun wirklich? Keineswegs!
Wir haben schon oben gezeigt, dass dieser Grundsatz als
regulatives Princip — und nur diesen Charakter kann er
haben — nicht die Notwendigkeit a priori für sich in Anspruch nehmen kann, die den constitutiven Principien eigen
ist; denn er verbürgt nicht, dass überall in der Erfahrung
gesetzliche Causalzusammenhänge zwischen den Veränderungen bestehen müssen, er giebt nur die Anweisung und
den Leitfaden, solche zu suchen. Und weiter! Wäre das
Causalprincip in der That eine notwendige Erkenntnis, ein
Axiom, dann müssten wir sein contradictiorisches Gegen-
teil gar nicht denken können; es müsste ebenso undenkbar
sein, dass einige Veränderungen nicht nach dem Gesetz der
Causalität geschehen, wie es undenkbar ist, dass in einigen
Fällen 2×2 nicht die Zahl 4, sondern eine andere Zahl
ergiebt. So verhält es sich aber mit dem Causalprincip
nicht. Denn wenn wir dasselbe auch nur in der gewöhnlichen, nicht streng wissenschaftlichen Bedeutung einer
constanten Naturgesetzlichkeit nehmen, in der Bedeutung,
dass jede Veränderung eine Ursache haben muss, so ist
selbst in dieser einfachen Form das Causalprincip kein notwendiger Satz in dem Sinne, dass ein ursachloses Geschehen undenkbar wäre. Es ist eine Thatsache, dass dem
menschlichen Denken die Tendenz innewohnt, nach Ursachen der Veränderungen zu suchen. Allein wenn wir
auch dieses causale Bedürfnis haben, wenn wir auch nach
Ursachen des Geschehens unausgesetzt forschen, so ist dies
noch kein Beweis dafür, dass es uns unmöglich ist, ein
Geschehen zu denken, das keine Ursache hätte. Ueberall

---

*) a. a. O. § 173.

hören wir Menschen vom Zufall reden. Das wissenschaftliche Denken perhorrescirt mit Recht diesen Begriff; es lässt nur Zufall im relativen Sinne gelten, nämlich in der Bedeutung des Zusammentreffens von Causalketten, die von einander relativ unabhängig sind. Aber das gemeine Bewusstsein meint das Wort Zufall im absoluten Sinne, in der Bedeutung der Ursachlosigkeit: zufällig geschieht etwas; soll hier bedeuten, es geschieht ohne zureichende Ursache. Undenkbar ist also ein ursachloses Geschehen nicht; und es ist daher nicht wahr, dass das Causalprincip als notwendiger Satz, als Axiom, von uns gedacht werde. Aber abgesehen auch von der Meinung des gemeinen Bewusstseins, selbst in philosophischen Kreisen wird das Causalprincip nicht ausnahmslos für einen notwendigen Satz gehalten. Dafür wollen wir als Beleg nur die Ansichten zweier so hervorragender Denker, wie Hume und Lotze, anführen, Denker die übrigens ganz andere philosophische Ueberzeugungen vertreten haben. Hume bestreitet*) entschieden, dass die Behauptung, etwas könne unmöglich ohne ein hervorbringendes Princip anfangen zu existiren, ein notwendiger Gedanke sei; Lotze bestreitet,**) dass wir genötigt seien, jedes Ereignis als die Wirkung einer vorhergehenden Ursache anzusehen; er giebt zwar die ausnahmslose Giltigkeit des Causalprincips für das Gebiet der äusseren Natur zu, aber er will für das innere Geschehen, insbesondere für das Wollen, die Möglichkeit eines absoluten, „unbedingten Anfangens" aufrecht erhalten. Wenn dem aber so ist, wenn über die Geltung des Causalprincips und über den Umfang dieser Geltung noch gestritten wird: dann ist dies ein Zeichen dafür, dass dieser Grundsatz keine apodictische Erkenntnis, kein Axiom, ist. Denn über wirkliche, nicht vermeintliche Axiome streitet niemand im Ernst; sie erfreuen sich der allgemeinen Anerkennung aller gesund Denkenden. —

Kants Theorie der Causalität hat sich, wie wir gezeigt haben, nicht als wahr erwiesen. Allein wenn es

---

*) Traktat über die menschliche Natur, Teil III, Abschn. 3.
**) Mikrokosmus, 4. Aufl., Bd. 1, S. 291 ff.

auch Kant nicht gelungen ist, das Causalproblem in befriedigender Weise zu lösen, so hat er doch den Weg gezeigt, auf welchem dasselbe einer entgiltigen Lösung entgegengeführt werden kann. Diesen Weg hat in der neuesten Zeit Sigwart betreten und eine Theorie der Causalität entwickelt, die nach unserer Ueberzeugung als eine abschliessende Lösung des Causalproblems betrachtet werden darf.*)

Es kann nicht unsere Aufgabe sein, in diesen Schlussbetrachtungen Sigwarts Theorie der Causalität ausführlich darzulegen. Wir wollen nur die Grundprincipien derselben

---

*) Schopenhauers Theorie der Causalität (Satz vom Grunde § 21) kann insofern nicht als eine Correctur der Kantischen gelten, als Schopenhauer seltsamerweise gerade den Punkt, auf welchen es beim Causalproblem ankommt, und worauf es auch Kant ankam, vollständig übersehen hat und die Causalität in einer Weise begründen wollte, welche die Schwierigkeiten, die Hume angeregt und Kant zu beseitigen gesucht hat, nicht zu lösen vermag. — Schopenhauer verwirft das „künstliche Räderwerk" der Kantischen Kategorien und behält nur die Causalität bei. Sie gilt ihm als reiner Begriff a priori, dessen objective Giltigkeit er dadurch begründen will, dass er im Anschluss an Kant die Causalität für eine Bedingung der Erfahrung erklärt. Er beweist seine Behauptung in folgender Weise: Unsere Empfindungen sind ursprünglich rein subjective Zustände des Bewusstseins. Wie gelangen wir nun auf Grund derselben zur Anschauung einer objectiven Welt im Raume? Wir gelangen dazu durch Objectivation der Empfindungen, welche in der Weise vollzogen wird, dass der Verstand, das Vermögen der intuitiven Erkenntnis, vermöge der selbsteigenen Form der Causalität die Empfindungen als Wirkungen fasst, dieselben auf ihre Ursachen bezieht und diese Ursachen mit Hilfe der reinen Anschauungsform des Raumes als äusseres Object im Raume construirt. Wir gelangen also zur Erfahrung, d. h. zur Anschauung einer objectiven Welt, nur auf Grund des Causalgesetzes: daher ist dieses Gesetz a priori und besitzt für die Erfahrung ausnahmslose Geltung, weil die Erfahrung nur durch dasselbe möglich ist. Wir wollen nicht untersuchen, ob diese Ansicht Schopenhauers richtig ist. Wir bemerken nur, dass dieselbe nur verständlich ist, wenn man annimmt, dass Dinge ausserhalb (praeter) unseres Bewusstseins existiren und auf unsere Sinne einwirken. Auf dem Standpunkt Schopenhauers, der von einer Einwirkung der Dinge auf unsere Sinnlichkeit nichts wissen will, der die Causalität auf Erscheinungen einschränkt, ist diese Lehre unverständlich. Wir bemerken auch, dass, wenn der Verstand die Empfindung als Wirkung einer Ursache praeter mentem fassen soll, die Empfindung nicht so „dumpf und nichtssagend", nicht ein völlig „roher Stoff" sein kann, wofür sie Schopenhauer erklärt; sie muss vielmehr irgendwie anzeigen, dass sie durch eine Ursache praeter mentem bewirkt worden ist, sie muss einen Geburtsbrief bei sich führen, um dem Verstande das Motiv zu geben, sie auf eine Ursache ausserhalb des Bewusstseins zu beziehen. Wir kämen dann etwa auf Lotzes Lehre von den Lokalzeichen. Schopenhauers Theorie bedarf also einer wesentlichen Correctur, wenn sie überhaupt gelten soll. Allein wie es damit auch beschaffen sein mag — uns interessirt hier

darstellen, und glauben dies am zweckmässigsten in der Weise thun zu können, dass wir zeigen, wie Sigwarts Theorie aus der Kantischen organisch sich entwickelt. Die Ansicht Kants, dass die Succession der Erscheinungen erst durch den Begriff der Causalität zu einer regelmässigen, in einer bestimmten Ordnung verlaufenden Aufeinanderfolge gestaltet werde, kann nicht als richtig gelten. Allein Kant hat daneben, in dunkler Ahnung des Richtigen, in seiner Lehre vom Schema der Kategorien eine Anschauung entwickelt, die zwar aus begreiflichen Gründen in seiner Theorie der Causalität nicht zur Geltung gekommen ist, in welcher aber der Ansatz liegt zu einer richtigen Fassung und Bestimmung der Rolle, welche die Causalität in unserer Erkenntnis spielt, die Anschauung nämlich, dass die Causalität nur dann auf Erscheinungen sich anwenden lässt, wenn die Succession derselben bereits einer Regel unterworfen ist. Und hierin hat Kant wie schon hervorgehoben — vollkommen richtig gesehen. In der That, eine bestimmte Ordnung der Succession der Erscheinungen ist schon in der Wahrnehmung gegeben; unabhängig von der Denkfunction folgen die Erscheinungen regelmässig auf einander ; das machen wir nicht, das finden wir als Thatsache der Erfahrung vor. Allein wenn wir auch erfahren, dass Veränderungen in bestimmter Ordnung succediren — dass dieselben auch im causalen Zusammenhang unter einander stehen, dass nicht nur ein Nacheinander,

nur die Frage, ob Schopenhauer das Problem gelöst hat, welches Kant lösen wollte. Und dieses müssen wir bestreiten. Schopenhauers Theorie löst im günstigsten Falle das Problem, wie wir zur Anschauung einer objectiven Welt gelangen ; aber dieses Problem hat mit der Frage, welches Recht wir haben, zu behaupten, dass sämtliche Veränderungen nach dem Gesetz der Causalität geschehen, schlechterdings nichts zu thun. Schopenhauer glaubte aus unverzeihlicher Unachtsamkeit, dass dieses Problem durch seine Theorie gelöst sei. Aber das ist keineswegs der Fall. Denn wer sagt denn, dass in dieser mit Hilfe der unbewussten, instinctartigen Causalfunction des Verstandes entstandenen anschaulichen Welt die Veränderungen dem Gesetze der Causalität sämtlich unterworfen sein müssen? Könnten doch hier die Veränderungen im bunten, chaotischen Durcheinander ohne ein feststehendes Gesetz geschehen! Eine Welt von Objecten im Raume würden wir dann wohl anschauen, aber eine Welt, für die unser Causalprincip keine Geltung besässe. Wenn Schopenhauer sagt : „Denn durch sie allein (— nämlich die Causalität —), mithin im Verstande und für den Verstand, stellt sich die objective, reale, den Raum in drei Dimensionen füllende Körperwelt dar, die alsdann, in der Zeit, demselben Causalitätsgesetz gemäss, sich ferner verändert und im Raume bewegt" —, so ist der zweite Satz eine unbewiesene Behauptung, weil er aus dem ersten nicht folgt.

sondern auch ein Auseinander vorliegt: dies erfahren wir nicht. Wir erfahren die regelmässige Succession, aber wir erfahren keinen Causalzusammenhang. Die Veränderungen A und B sind in unserer Wahrnehmung thatsächlich zusammen; wir finden, dass B an A sich anschliesst, dass es darauf regelmässig folgt; dass aber diese Veränderungen notwendig zusammengehören, dass B mit A im inneren Zusammenhang steht, dass es daraus erfolgt, dass also A die Ursache und B die Wirkung ist: dies entscheidet unser causales Denken, indem es zwischen den beiden auf einander folgenden Veränderungen eine Synthese derart vollzieht, dass es die an sich in atomistischer Vereinzelung stehenden, von einander anscheinend unabhängigen Vorgänge zu Einem Vorgang vereinheitlicht, die eine Veränderung als von der anderen abhängig auffasst. Wir legen also die Causalität in die Erfahrung hinein; aber nicht in der Weise, dass wir mit ihr die Erfahrung allererst machten, dass wir die Aufeinanderfolge, deren Ordnung noch unbestimmt wäre, erst durch den Begriff der Causalität zu einer objectiven Succession gestalteten — diese ist uns vielmehr als Thatsache gegeben —; wir deuten nur die erfahrene regelmässige Succession als einen causalen Zusammenhang aus. — Dies die Ansicht Sigwarts. Auch für Sigwart ist die Causalität nicht aus der Erfahrung geschöpft, sondern ein rationales, apriorisches Element unserer Erkenntnis; aber sie ist nicht im transscendentalen Sinne a priori, sondern im psychologisch-logischen Sinne. Sie wurzelt in unserem Denken, zu dessen Wesen es gehört, jede Vielheit von Gliedern, die ursprünglich nur in einer äusseren, aber in keiner inneren Beziehung zu einander stehen, zu einer Einheit innerlich zusammenhängender Glieder zu verknüpfen, alles thatsächlich Gegebene auf einen Grund zurückzuführen und aus diesem Grunde als notwendig zu begreifen, sie drückt die Tendenz unseres Denkens aus, das zusammen Aufgefasste auf einheitlichen Grund zu beziehen, sie bedeutet eine „Synthese zusammenhängender Veränderungen im Gedanken Eines Grundes".*) Aber um dieser Tendenz unseres Denkens Nahrung zu geben, um diese Synthese vollziehen zu können, dazu bedürfen wir der Erfahrung, die in der Thatsache zusammenhängender, unmittelbar sei es in räumlich-zeitlicher, oder bloss in zeitlicher Continuität an einander sich anschliessender und regelmässig sich wiederholender Ver-

---

*) Logik, Bd. II, S. 143.

änderungen dem Denken den Anreiz, die Veranlassung, den bestimmten Wink giebt, die causale Synthese zu vollziehen.*) Wir haben gezeigt, dass der Grundsatz der Causalität ein regulatives Princip ist, wofür ihn auch Kant ursprünglich gehalten hat, wenn auch dieser Gedanke bei ihm später in den Hintergrund getreten ist und treten musste — ein regulatives Princip, welches uns nicht zu dem Zwecke dient, um der Natur die Gesetzmässigkeit im Geschehen a priori zu bestimmen, sondern welches uns nur zum Leitfaden dient, gesetzliche Zusammenhänge im Naturgeschehen zu suchen. Als regulatives Princip aber kann der Grundsatz der Causalität keine apodictische Erkenntnis, kein Axiom, sein; er besitzt vielmehr nur hypothetischen Charakter; er gilt nur unter der Voraussetzung, dass in der Wirklichkeit, die unabhängig von unserem Causalprincip sich gestaltet, eine solche Ordnung des Geschehens sich findet, dass jede Veränderung der Erfolg einer gesetzlich wirkenden Ursache ist. Streng logisch gefasst, ist also das Causalprincip nur eine Hypothese, eine Voraussetzung, mit der wir an die Erkenntnis der Wirklichkeit herantreten. Allein wenn gleich das Causalprincip nur eine Hypothese ist, so ist es doch eine Hypothese ganz eigener Art. Wir haben in der Wissenschaft viele Hypothesen, als versuchsweise angenommene Erklärungsgründe für eine Reihe von Erscheinungen. Diese Hypothesen aber sind in ihrer bestimmten Fassung nicht unentbehrlich für den Zweck der Wissenschaft; sie sind wohl relativ, d. h. mit Rücksicht auf den jeweiligen Stand der wissenschaftlichen Forschung, aber nicht absolut unentbehrlich; sie können durch andere Hypothesen ersetzt werden und werden auch oft thatsächlich durch andere ersetzt, ohne dass damit die Wissenschaft als solche in ihrem Bestehen gefährdet wäre. So ist z. B. die moderne Atomistik und die aus ihr resultirende mechanische Naturerklärung eine Hypothese, die zur Zeit brauchbar und unentbehrlich ist. Ob sie aber

---

*) In Uebereinstimmung damit Lotze, der sich folgendermassen äussert (Logik, S. 535): „Unabhängig von uns ordnen sich die Ereignisse bald so dass sie uns zur Vorstellung eines ursächlichen Zusammenhanges nötigen, bald so dass sie uns die Annahme desselben unmöglich machen"; und wieder (a. a. O. S. 534): „Immer kann uns durch die Art der Verbindung zwischen Einzeleindrücken nur eine Veranlassung gegeben werden, ihn (— nämlich den ursächlichen Zusammenhang —) hinzuzudenken, und diese Veranlassung kann nur dann wirksam sein, wenn es unserer Natur unvermeidlich ist, jene Verbindung des Mannigfaltigen in unserem Bewusstsein uns durch diese Ergänzung erst zu vervollständigen und zu rechtfertigen."

auch in der Zukunft, mit dem Fortschritt der Wissenschaft, in diesem Umfang wenigstens, brauchbar and unentbehrlich sein werde: dies lässt sich nicht sagen. Vielleicht werden wir im weiteren Fortgang der Forschung auf Thatsachen stossen, zu deren Erklärung diese Hypothese sich als ungenügend erweisen wird. Schon jetzt bieten ja die Lebensvorgänge im Organismus wenigstens anscheinend negative Instanzen gegen die Hypothese der mechanischen Naturerklärung. Wenn aber auch diese Hypothese fiele, so wäre damit nicht die Wissenschaft aufgehoben; man würde sich nach anderen Hypothesen umsehen und solche nach Anleitung durch die Thatsachen finden und aufstellen. Ganz anders verhält es sich mit dem Causalprincip. Das Causalprincip ist eine absolut unentbehrliche Hypothese, eine notwendige Voraussetzung für die wissenschaftliche Forschung. Fiele diese Hypothese, so würde damit auch die Wissenschaft im strengen Sinne des Wortes aufgehoben sein. Denn die Wissenschaft hat das Bestreben, das thatsächlich Gegebene als notwendig zu begreifen; sie begnügt sich nicht mit der Constatirung der Thatsachen, sie sucht vielmehr diese Thatsachen auf Realgründe zurückzuführen; es genügt ihr nicht, festgestellt zu haben, dass hier oder dort eine Veränderung geschieht, sondern ihre Aufgabe ist erst vollendet, wenn es ihr gelingt, diese Veränderung auf eine Ursache zurückzuführen, deren gesetzlicher Erfolg dieselbe ist. Für die Wissenschaft also, welche das Gegebene erklären, d. h. auf gesetzliche Realgründe zurückführen will — und jede Wissenschaft vom Wirklichen strebt diesem idealen Ziele zu — ist das Causalprincip die notwendige Voraussetzung für das Gelingen ihrer Forschungsarbeit. Gelte der Grundsatz, dass das Weltgeschehen von strengen Gesetzen beherrscht werde, nicht, würde unter denselben Bedingungen bald dieses, bald etwas anderes geschehen: dann stünde unser wissenschaftliches Denken still; von einer rationellen Erklärung des Gegebenen, von der Begreiflichkeit des Weltlaufs, könnte dann keine Rede sein. — Dies ist der Grund, warum Sigwart das Causalprincip nicht für eine Hypothese, sondern für ein Postulat des nach Erkenntnis der Wirklichkeit strebenden Denkens erklärt. Postulate nennt er[*]) solche Sätze, „welche weder weiter zu begründen und abzuleiten, noch als unmittelbar und nothwendig gewiss anzunehmen möglich ist, deren Gewissheit aber doch nur aus anderen Gründen als der logischen

---

*) a. a. O. Bd. I. S. 412.

Nothwendigkeit, also aus allgemeinen psychologischen Motiven angenommen wird." Dieses Motiv ist beim Causalprincip unser Streben nach Erkenntnis der Wirklichkeit. Indem nun Sigwart das Causalprincip ein Postulat nennt, will er damit andeuten, dass dieser Grundsatz nicht schlechtweg ein rein theoretischer Satz ist, sondern dass in ihm das Moment des Wollens eine bedeutende Rolle spielt. Theoretisch ist seine Allgemeingiltigkeit nicht erweisbar; mögen sich auch noch so viele Thatsachen aufweisen lassen, die seine Wahrheit bestätigen, und nirgends negative Instanzen sich finden, welche diese Wahrheit widerlegen können — empirisch lässt sich die ausnahmslose Geltung des Causalprincips nicht nachweisen, und es lässt sich dieselbe auch aus allgemeineren Principien nicht deduciren. Weil wir aber die Wirklichkeit erkennen wollen, weil wir den Zweck haben, das Gegebene als notwendig zu begreifen, so besitzt das Causalprincip, welches uns als unentbehrliches Mittel zu diesem Zweck dient, wenigstens in unserer subjectiven Ueberzeugung, jenen Grad von Festigkeit und Gewissheit, der ihm aus rein theoretischen Gründen nicht zukommt. Das Wollen ist es also, welches uns des Könnens versichert.*)

So ist also das Causalprincip kein A x i o m, sondern ein P o s t u l a t. Es b e h a u p t e t nicht, dass im wirklichen Geschehen gesetzliche causale Zusammenhänge sich finden und finden m ü s s e n, son<ern es f o r d e r t nur im Interesse der Erkenntnis, dass solche Zusammenhänge sich darin finden s o l l e n. Ob sie sich aber überall finden werden, ob unser Streben, das Gegebene als notwendig zu begreifen, ausnahmslos mit dem gewünschten Erfolg gekrönt sein werde: diese Frage lässt sich nicht beantworten. Im letzten Grunde ruht unsere Erkenntnis des Wirklichen auf der Voraussetzung, dass Sinn und Vernunft in den Dingen liege, mag man sich dies metaphysisch näher ausmalen, wie man wolle. Jedenfalls postulirt die Logik unserer Gedanken eine „Logik der Thatsachen".*)

---

*) Vergl. darüber: a. a. O. Bl. I, § 33 u. 48; Bl. II, § 73, S. 171 fg. — Zu vergleichen auch: Lotze, Logik, S. 578 fg.; Liebmann, die Klimax der Theorien, S. 85 ff.; Laas, Kants Analogien der Erfahrung, S. 208.
*) vergl. Liebmann, Zur Analysis der Wirklichkeit 2. Aufl., S. 187 ff.

Lebensabris.

Geboren wurde ich Mscislaw Wartenberg am 26. November 1868 in Znin (Preussen). Die Elementarschule besuchte ich in Witkowo und genoss ausserdem Privatunterricht. Seit Ostern 1882 besuchte ich die Gymnasien zu Wongrowitz, Gnesen und Waldenburg i./Schl., welch' letzteres ich Ostern 1892 mit dem Reifezeugnis verliess. Ich studirte an den Universitäten: Breslau, Leipzig, Tübingen und Jena Philosophie, Naturwissenschaften, Geschichte und Nationalökonomie.

Während meiner Studienzeit hörte ich bei den folgenden Herren Professoren und Privatdocenten:

in Breslau: Baeumker, Lipps, Caro, Wilcken, Nehring, Kaufmann und Sombart;

in Leipzig: Heinze, Wundt, Strümpell, Hermann, Gardthausen, Lamprecht, Pückert, Roscher, Bücher, Miaskowski, Leskien, Wollner, Wolff, Barth, Hirt und Schurtz;

in Tübingen: Sigwart, Pfleiderer, Braun, Eimer, Meyer, Grützner, Hüfner, Schönberg, Neumann und Hesse;

in Jena; Liebmann, Eucken, Winkelmann, Häckel, Auerbach, Lorenz, Gelzer, Pierstorff, Regel, Wilhelm, Erhardt und Stoy.

Allen den genannten Herren, besonders aber den Herren PfPf. Sigwart in Tübingen und Liebmann in Jena, die auf meine Ausbildung den grössten Einfluss ausgeübt haben, sage ich hiermit meinen innigsten Dank aus.